제9판

현대재무관리

- 연습문제 풀이 및 해답 -

박정식 · 박종원 · 조재호(가나다순)

다산출판사

제1장 기업과 재무관리

1-1 본문 4쪽 참조

1-2 본문 4~5쪽 참조

1-3 본문 9~10쪽 참조

1-4 본문 6~8쪽 참조

1-5 본문 9~11쪽 참조

1-6 본문 12~13쪽 참조

1-7 본문 13~14쪽 참조

1-8 본문 11~12쪽 참조

1-9 본문 22쪽 참조

1-10 본문 17~21쪽 및 한국거래소(www.krx.co.kr) 참조

1-11 본문 13~15쪽 참조

1-12 본문 19~20쪽 및 K-OTC시장(www.k-otc.or.kr) 참조

1-13 본문 17~18쪽 참조

1-14 본문 16~18쪽 참조

1-15 본문 22~23쪽 참조

1-16 본문 23~24쪽 참조

제2장 재무제표와 현금흐름

2-1 본문 30~31쪽 참조

2-2 본문 30쪽 및 한국회계기준원(www.kasb.or.kr) 참조

2-3 본문 30쪽 참조

2-4 본문 44~45쪽 참조

2-5 ① ㈜설악 주식의 시장가치 = 15,000원 × 1억주 = 1.5조원

② ㈜설악의 2023년 말 *PBR* = 주가/주당장부가치 = 15,000원/(1조원/1억주) = 1.5
주가는 시장에서 평가된 해당 주식으로부터 기대되는 미래현금흐름의 현재가치이다. 주당장부가치는 주식 1주당 투자원금을 나타낸다. 따라서 *PBR*은 투자원금 1원 대비 시장에서 평가되는 가치를 나타내며, *PBR*이 높게 평가될수록 기업이 미래에 더욱 큰 현금흐름을 창출할 것으로 기대됨을 의미하므로 *PBR*은 기업의 성장성을 나타내는 지표가 될 수 있다. 또 정상적인 기업이라면 *PBR*은 1보다 큰 값을 갖는다.

③ 2023년도의 주당순이익과 2023년 말의 주가를 기준으로 *PER*를 평가해 보자.
㈜설악의 2023년의 *PER* = 주가/주당순이익 = 15,000원/(1,500억원/1억주) = 10
*PER*는 주가가 주당순이익의 몇 배가 되는가, 즉 기업이 실현하는 회계이익 1원당 시장에서 평가되는 주식의 가치가 얼마인가를 나타낸다. 성장성이 높은 기업일수록 미래에 더욱 큰 현금흐름을 벌어들이며 주가가 높게 형성될 것이므로 *PER*가 높게 평가된다.

④ 2023년의 ㈜설악의 *ROE* = 순이익/자기자본 = 1,500억원/1조원 = 15%
*ROE*는 자기자본 제공자인 주주의 투자수익률을 측정한다. 즉 자기자본 1원당 벌어들인 순이익의 비율을 나타내며, 주주들이 가장 큰 관심을 갖는 재무비율 중의 하나이다. ㈜설악의 경우 2023년도에 주주의 투자수익률이 15%임을 의미한다.

⑤ 자기자본의 장부가치를 기준으로 부채비율을 계산해 보자.
2023년 말의 ㈜설악의 부채비율 = 부채/자기자본 = 4,000억원/1조원 = 40%
즉 ㈜설악은 장기자금의 조달에서 자기자본의 40%에 해당하는 금액을 부채로 조달하고 있다.

2-6 ① ㈜CT가 충분한 수익을 벌어들이고 있는 경우 100억원의 추가적인 영업비용은 과세대상소득을 100억원 줄이게 되고 그 결과 30%(법인세율)만큼의 법인세를 덜 내게 된다. 따라서 올해의 순이익은 70억원만큼 줄게 되며, 내년도의 순이익에 미치는 영향은 없다.

② 잔존가치 없이 감가상각을 하는 경우 매년의 감가상각비는 100억원이다. 추가적인 감가상각

비는 법인세율만큼의 감세효과를 가져오므로 향후 3년간 ㈜CT는 새로운 기계구입에 따라 매년 70억원(= 100억원 − 100억원 × 0.3)의 순이익 감소를 겪게 된다. 한편, 매년의 현금흐름은 감가상각비의 감세효과만큼 증가하게 된다. 즉 감가상각비는 현금지출비용이 아니므로 ㈜CT의 매년의 현금흐름은 순이익 변화분에 감가상각비의 증가분 100억원을 더해서 계산하여야 한다. 따라서 30억원(= −70억원 + 100억원)의 현금흐름 증가가 발생한다.

2-7 ① 영업이익

매출액	10,000억원
매출원가	(5,000억원)
매출총이익	5,000억원
판매관리비	(2,000억원)
감가상각비	(1,000억원)
영업이익	2,000억원

② 법인세비용 차감전 순이익

이자비용과 영업외비용이 없으므로 법인세비용 차감전 순이익은 영업이익과 같다.

당기순이익 = 2,000억원 × (1 − 0.25) = 1,500억원

③ 영업활동 현금흐름

문제 ②에서 당기순이익은 1,500억원이다. 감가상각비는 1,000억원, 이자비용은 0이다.

또 영업활동으로 인한 자산, 부채의 변동은 매출채권의 증가분이나 기초와 기말의 매출채권은 동일하므로 0이다.

따라서 영업활동 현금흐름은 다음과 같이 2,500억원이다.

영업활동 현금흐름 = 1,500억원 + 1,000억원 = 2,500억원

④ 매출액영업이익률 = 2,000억원/1조원 = 20%

매출액순이익률 = 1,500억원/1조원 = 15%

⑤ 매출채권회전율 = 매출액/평균매출채권 = 1조원/2,000억원 = 5회

매출채권회수기간 = 평균매출채권/1일평균매출액 = 2,000억원/(1조원/365) = 73일

즉 ㈜한라의 매출액은 평균매출채권의 5배이다. 이는 매출채권이 연중 5회 정도 발생과 회수를 반복함을 의미한다. 매출채권회수기간은 73일이다. 이는 외상으로 판매된 매출대금이 회수되는 데 평균 73일이 소요됨을 의미한다.

2-8 ① 매출채권의 증가는 영업활동 현금흐름의 감소를 가져온다.

② 재고자산의 증가는 영업활동 현금흐름의 감소를 가져온다.

③ 미지급임금의 증가는 영업활동 현금흐름의 증가를 가져온다.

④ 은행대출은 재무활동에 따른 현금흐름의 증가이다.

⑤ 특허출원등록비가 특허권원가에 포함되는 경우 투자활동으로 인한 현금흐름의 증가를 가져온다.

⑥ 무상신주발행은 현금흐름과 관계가 없다.

⑦ 배당금지급은 재무활동에 따른 현금흐름의 감소를 가져온다.

⑧ 투자목적의 유가증권구입은 투자활동에 따른 현금지출이다.

2-9 ① 이익의 감소분: 250억원×(1 − 0.35) = 162.5억원

EPS의 감소분 $= \dfrac{162.5억원}{32억주} = 5$원. 따라서 EPS는 395원이 될 것이다.

② A기업이 신기술을 가진 기업의 인수대금 조달을 위해 새로 발행할 주식수는 $\dfrac{450억원}{10,000}$ = 4,500,000주이다. 당기순이익은 기존의 EPS로부터 400원×32억주 = 1조 2,800억원으로 계산되며 따라서 새로운 EPS는 $\dfrac{1조\ 2,800억원}{32억\ 450만주} = 399.44$원이다.

③ EPS의 감소분은 새로운 기업을 인수하는 것보다 자체적으로 기술을 개발하는 경우에 더 크다. 그러나 자체적으로 기술을 개발하는 경우 당장의 개발비용 지출에 따른 법인세 절감효과를 가진다. 또한 기업을 인수하면서 새로이 주식을 발행하는 경우에는 추가적인 감자나 자사주 매입을 실시하지 않는 한 영원히 EPS를 감소시키는 반면 직접 개발할 경우에는 올해의 EPS는 감소하지만 발행주식수가 그대로이기 때문에 향후 EPS가 다시 증가할 수 있다.

2-10 재무상태표상의 수치들이 모두 기초와 기말의 평균치라고 가정한다.

자산	금액	부채 · 자본	금액
현금 및 유가증권	200	유동부채	④ 1,002.5
외상매출금	② 401.5	장기차입금	⑥ 663.94
재고자산	④ 601.5	보통주	⑦ 700.64
고정자산	⑤ 997		
자산총계	2,200	부채 · 자본총계	① 2,200

① 자산 = 부채 + 자본. 따라서 부채 · 자본 총계는 2,200

② 총자산 회전율 = 매출액/총자산 = 매출액/2,200 = 0.73. 따라서 매출액 = 1,606
매출채권 회전율 = 매출액/외상매출금 = 1,606/외상매출금 = 4. 따라서 외상매출금 = 401.5

③ 당좌비율 $= \dfrac{x-y}{유동부채} = 0.6$ …… (a)

x = 유동자산, y = 재고자산

④ 유동비율 $= \dfrac{x}{유동부채} = 1.2$ …… (b)

식 (a)와 (b)를 연립하여 풀면, 재고자산은 0.6×유동부채, 유동자산은 1.2×유동부채

현금 및 유가증권, 외상매출금 관계에서 200 + 401.5 + 0.6 × 유동부채 = 1.2 × 유동부채
여기서 유동부채를 구하면 유동부채 = 1,002.5
재고자산 = 601.5, 유동자산 = 1,203

⑤ 고정자산 = 2,200 − (200 + 401.5 + 601.5) = 997

⑥,⑦ 부채비율 = $\frac{\text{부채}}{\text{자기자본}}$ = 2.14 …… (i)
부채 + 자기자본 = 2,200 …… (ii)
(i)과 (ii)를 연립하여 풀면,
부채 = 1,499.36, 자기자본(보통주) = 700.64
따라서 장기차입금 = 1,499.36 − 835.42 = 663.94가 된다.

2-11 ① 이자보상비율 = 이자비용과 법인세비용 차감전 영업활동 현금흐름/이자비용

이자비용과 법인세비용 차감전 영업활동 현금흐름 = 120,000 + 110,000 + 10,000 = 240,000(천원)이며, 이자비용은 20,000(천원)이다. 따라서 이자보상비율 = 240,000/20,000 = 12배.

㈜서울은 영업활동에서 창출하는 현금흐름이 부채사용에 따른 이자비용의 12배이다. 이는 부채사용에 따른 이자비용을 영업활동에서 벌어들이는 현금흐름으로 지급하는 데에 문제가 없음을 나타낸다,

② 주당 영업활동 현금흐름 = 영업활동 현금흐름/발행주식수 = 190,000천원/10만주 = 1,900원

③ ②에서 계산된 주당 영업활동 현금흐름이 미래에 계속되는 경우 주식의 공정한 가치는 이 현금흐름의 현재가치로 평가할 수 있다. 영업활동 현금흐름을 기준으로 주식가치를 평가하면 할인율이 10%이므로,

$$\text{주가} = \frac{1{,}900}{1.1} + \frac{1{,}900}{(1.1)^2} + \frac{1{,}900}{(1.1)^3} + \cdots$$

제4장에서 공부할 영구연금의 가치평가방법을 이용하면 주가 = 1,900원/0.1 = 19,000원이다.

④ 배당금지급능력 = 영업활동 현금흐름/배당금 = 190,000/33,000 = 5.67배

⑤ 자료에서 ㈜서울의 법인세율은 25%(= 30,000/120,000)이다. 식 2.23을 이용하면 영업현금흐름(OCF) = 영업활동 현금흐름 + 이자비용(1 − 법인세율) + ΔNWC이다.
따라서 영업현금흐름(OCF) = 190,000 + 20,000(1 − 0.25) + (− 10,000) = 195,000(천원).

⑥ 식 2.24에서 잉여현금흐름(FCF) = 영업현금흐름(OCF) + 투자활동현금흐름 − ΔNWC + 이자의 감세효과이다.
따라서 잉여현금흐름(FCF) = 195,000 + (−173,000) − (−10,000) + 20,000(0.25) = 37,000(천원).
잉여현금흐름은 채권자와 주주의 현금흐름으로 배분되고 주주의 현금흐름은 주주에게 직접 배분된 금액과 기업에 유보된 현금의 증분으로 나뉘어진다.

채권자의 현금흐름=이자비용 지급+장기차입금/사채의 상환 및 조달=20,000+(−26,000)=−6,000(천원). 즉 채권자로부터는 6,000(천원) 만큼의 순자금조달이 이루어졌다.

주주의 현금흐름=[배당금의 지급+신주발행]+기업 내부유보현금의 증감=[33,000−43,000]+53,000=43,000. 즉, 주주의 현금흐름은 주주에게 직접 배분된 −10,000(천원)의 현금흐름과 기업 내부에 유보된 현금의 증분 53,000(천원)으로 구성되며, 43,000(천원) 만큼이 주주에게 배분되었다. 따라서 ㈜서울의 2023년의 잉여현금흐름 37,000(천원)은 채권자의 현금흐름 −6,000(천원)과 주주의 현금흐름 43,000(천원)으로 배분되었다.

제3장 재무관리의 중요개념들

3-1 시장참여자들의 시점간 소비배분에 대한 선호(intertemporal substitution)와 투자기회(investment opportunities)를 들 수 있다. 투자기회는 경제성장률에 영향을 받게 되며 경제성장률을 결정하는 중요 요소로서 노동력과 노동시간 및 생산성을 들 수 있다. 기술(technology)은 생산성을 결정하는 데 중요한 역할을 한다.

3-2 본문 60~62쪽 참조

3-3 회사채와 같은 채무불이행위험이 있는 채권의 수익률과 무위험이자율의 차이를 말한다.

3-4 서로 다른 시점에서 발생하는 현금흐름은 가치가 서로 다르다는 것을 말한다. "오늘의 1원이 내일의 1원보다 그 가치가 크다."는 원칙을 '재무관리의 제1원리(the first principle of finance)' 라고 한다.

3-5 위험을 싫어하는 위험회피형(risk averse) 투자자는 미래현금흐름의 불확실성이 커질수록 위험부담에 대한 대가로 더욱 많은 수익을 요구하게 되는데, 이를 위험프리미엄(risk premium)이라고 한다. 위험프리미엄은 위험이 클수록 또 위험회피성향이 강할수록 더 커질 수밖에 없다. 여러 금융자산들은 그 수익의 불확실성, 즉 위험이 서로 다를 수 있기 때문에 위험프리미엄 또한 달라질 수 있다.

3-6 위험-수익의 상충관계란 위험을 크게 부담하면 높은 수익률을 요구할 수 있고, 위험을 작게 부담하면 낮은 수익률을 받아들여야 한다는 것이다.

3-7 미래수익이 같은 자산(또는 투자전략) A와 B가 시장에서 서로 다른 가격에 거래될 때 과대평가된 자산을 공매하고 과소평가된 자산을 매입함으로써 자기자금과 위험을 전혀 부담하지 않고 이익을 실현하는 투자전략을 차익거래(arbitrage)라고 한다.

현재의 투자비용이 0이거나 음(−)인데[이 경우, 현금흐름은 양(+)] 미래의 투자수익이 양(+)이 될 확률이 0보다 큰 경우를 '유형 1(type 1) 차익거래' 라고 하며, 현재의 투자비용이 음(−)이면서, 미래의 투자수익이 0인 경우를 '유형 2(type 2) 차익거래' 라고 한다.

3-8 본문 70쪽 박스 참조. 무차익원리는 결국 '공짜 없다(no free lunch)' 라는 것을 의미한다.

3-9 본문 66쪽 참조

3-10 본문 71쪽 참조

3-11 누진세제도하에서는 한 개인의 소득구간에 따라 서로 다른 세율이 적용된다. 이때 최종 구간의 소득에 대해 부과되는 세율을 한계세율(marginal tax rate)이라 하며 과세소득에 대해 부담한 총 소득세의 비율을 평균세율(average tax rate)이라고 한다.

3-12 부채를 사용하는 기업의 경우 채권자에게 부채사용의 대가로 이자를 지급하게 되는데, 이때 지급 이자는 과세소득 계산에서 비용(손금)으로 인정되어 이자지급이 없는 경우에 비해 과세소득은 줄게 되고 결과적으로 법인세를 덜 내게 된다. 이를 이자의 감세효과(interest tax shield)라고 한다.

3-13 ① 은행 A에서 5%의 이자율로 차입한 후 은행 B에 6%로 예금을 맡기면 1%의 차익을 얻을 수 있다.

② 은행 A의 경우 상대적으로 이자율이 낮기 때문에 대출 수요가 증가할 것이고, 은행 B는 상대적으로 높은 이자율 때문에 예금 수요가 늘어날 것이다.

③ 은행 A의 이자율은 높아지고 은행 B의 이자율은 낮아져서 결국 동일한 이자율 수준에 수렴하게 될 것이다.

3-14 ① ETF 주당가격 $= 285{,}000 \times 2 + 30{,}100 \times 1 + 27{,}200 \times 3 + 56{,}800 \times 4 = 908{,}900$원

② ETF의 시장가격 850,000원은 내재가치 908,900원에 비해 과소평가된 것이기 때문에 차익거래의 기회가 존재한다. 투자자는 시장에서 850,000원을 지급하고 이 ETF를 매입하는 동시에 ETF를 구성하는 각각의 주식들에 대해서 ETF와 같은 비율로 공매도함으로써 이익을 실현시킬 수 있다. 그 결과 58,900원의 차익거래 이익이 발생한다.

③ ETF의 시장가격 1,100,000원은 내재가치 908,900원에 비해 과대평가된 것이기 때문에 역시 차익거래의 기회가 존재한다. ETF의 구성비율대로 각각의 주식을 매입한 후 이를 결합하여 판매하면 191,100원의 차익을 얻을 수 있다.

제4장 화폐의 시간가치

4-1 연 이자율이 5%일 때 현재의 1억원은 5년 후에 $1\text{억} \times (1.05)^5 = 1.2763$억원이 된다. 따라서 5년 후의 1.2억원보다 가치가 크다.

4-2 각 현금흐름의 현가를 구하면 다음과 같다.

① $180{,}000/(1.12)^5 = 102{,}137$원

② $19{,}000 \times PVFA(12\%, 10\text{년}) = 19{,}000 \times 5.6502 = 107{,}354$원

③ 100,000원

④ $11{,}400/0.12 = 95{,}000$원

따라서 19,000원을 10년 동안 받는 것을 선택하는 것이 가장 유리하다.

4-3 $600\text{만} \times PVFA(10\%, 10\text{년}) + 400\text{만} \times PVFA(10\%, 5\text{년}) \times PVF(10\%, 5\text{년})$

$= 600\text{만} \times 6.1446 + 400\text{만} \times 3.7908 \times 0.6209 = 4{,}628.24$만원

4-4 $[100\text{만}/0.01]/(1.01)^{96} = 3{,}847.23$만원

4-5 $(1+r)^{12} = 1.06$에서 r을 구하면 월 수익률 $r = 0.486755\%$이다. 따라서 미래가치는 다음과 같다.

$10{,}000 \times FVFA(0.486755\%, 60\text{개월}) = 10{,}000 \times [\{(1.00486755)^{60} - 1\}/0.00486755]$

$= 69.49$만원

4-6 $C \times (1.00486755)^{60} = 69.49\text{만}.\ C = 69.49\text{만}/(1.00486755)^{60} = 51.92$만원

4-7 이는 향후 15년간 예금하는 금액의 15년 후의 미래가치가 15년 후(60세) 시점 이후 30년간 매년 1,000만원씩 받는 현금흐름의 가치와 같게 하는 문제이다. 기준시점을 15년 후(60세) 시점으로 정하고 계산을 하면,

$1{,}000\text{만} \times PVFA(4\%, 30\text{년}) = C \times FVFA(4\%, 15\text{년})$

$C = 1{,}000\text{만} \times 17.292/20.024 = 863.56$만원

4-8 실효이자율 $r_e = (1 + 0.1/12)^{12} - 1 = 10.47\%$

연속복리이자율 $r_c = \ln 1.1047 = 9.957\%$

4-9 다경이의 저축은 성장형 연금에 해당하므로 다음의 식(본문의 식 4.21 참조)이 성립하여야 한다.

$2\text{억} = \dfrac{1{,}000\text{만}}{(0.05 - 0.03)} \times (1.05^n - 1.03^n)$. 여기서 시행착오에 의해 n을 계산하면 n은 12보다 크고 13보다 작다는 결론을 얻을 수 있다. 따라서 다경이는 13년 후에야 필요자금을 확보할 수 있다.

4-10 $NPV = -1.5억 + \frac{0.2억}{0.045} \times \left(1 - \frac{1}{(1.045)^N}\right) = 0.\quad \left(1 - \frac{1}{(1.045)^n}\right) = 0.3375$

$(1.045)^n = 1.5094.\ \therefore n = 9.35$년. 따라서 최소한 10년 이상 연금 지급을 받아야 최초 납입금액보다 더 많은 금액을 받게 된다.

4-11 $4.2억 - 0.6억 = C \times PVFA(8\%, 25년).\ C = 3.6억/10.675 = 3{,}372.37$만원

4-12 이는 성장형 연금의 경우이므로 본문의 식 4.20을 이용하여 현가를 계산할 수 있다.

$$PV = \frac{30억}{0.08 - 0.05} \times \left(1 - \left(\frac{1.05}{1.08}\right)^{20}\right) = 430.74억원$$

4-13 ① $FV = 600만 \times \frac{1}{0.07}[(1.07)^{34} - 1] = 8억\ 5{,}527만원$

② $FV = 600만 \times \frac{1}{0.07}[(1.07)^{26} - 1] = 4억\ 9{,}777만원$

4-14 ① 10년 후 시점에서 대출금의 현재가치 $PV = \frac{1{,}500만}{0.065} \times \left(1 - \frac{1}{1.065^{15}}\right) = 1억\ 4{,}104만원$

② 17년 후 시점에서 대출금의 현재가치 $PV = \frac{1{,}500만}{0.065} \times \left(1 - \frac{1}{1.065^{8}}\right) = 9{,}133만원$

③ ①에서 구한 값에 1회 할부금인 1,500만원을 더해 주면 된다.

$PV = 1억\ 4{,}104만 + 1{,}500만 = 1억\ 5{,}604만원$

제5장 채권과 주식의 가격결정

5-1 매년의 표면이자 = 100만 × 0.02 = 2만

만기에 지급되는 금액 = 2 × $FVFA$(2%, 5년) + 100만 = 2 × 5.2040 + 100만 = 110.408만원

채권의 시장가격 B_0는 만기에 지급되는 금액의 현가이다. 따라서,

B_0 = 110.408만 × PVF(4%, 5년) = 110.408만 × 0.8219 = 90.74만원

5-2 다음의 식에서 y를 구하면 된다: $105{,}000 = \frac{7{,}000}{(1+y)} + \frac{107{,}000}{(1+y)^2}$ $\quad \therefore y = 4.34\%$

5-3 $797.19(1+r_2)^2 = 1{,}000$. 여기서 r_2를 구하면 $r_2 = 12\%$. 무이표채의 경우 현물이자율이 곧 만기수익률이다. 따라서 만기수익률도 12%이다.

5-4 채권가격:

$$B_0 = \frac{6{,}000}{1.04} + \frac{6{,}000}{(1.05)^2} + \frac{6{,}000}{(1.06)^3} + \frac{106{,}000}{(1.065)^4} = 5{,}769.23 + 5{,}442.18 + 5{,}037.72 + 82{,}396.25$$

= 98,645.38원

5-5 채권의 적정가격은 10만 × 0.965435 + 10만 × 0.931240 + 110만 × 0.888735 = 1,167,276원이다. 따라서 현재가격 1,110,247원은 과소평가된 것이므로 다음과 같은 차익거래가 가능하다.

거래	현금흐름			
	시점 0	시점 1	시점 2	시점 3
• 채권 1단위 매입	−1,110,247	10만	10만	110만
• 1년간 96,543.5 차입	+96,543.5	−10	0	0
• 2년간 93,124 차입	+93,124	0	−10만	0
• 3년간 977,608.5 차입	+977,608.5	0	0	−110만
	+57,029	0	0	0

5-6 ① 액면가를 100이라고 하면 2년만기 채권가격 $= \frac{10}{1.0595} + \frac{110}{(1.0595)^2} = 107.43$원

무차익원리에 의하면 다음의 식을 만족시켜야 한다: $107.43 = \frac{10}{1.03} + \frac{110}{(1+r_2)^2}$

위 식에서 r_2가 2년만기 무이표채의 만기수익률 즉 2년 동안의 현물이자율이 된다: $r_2 = 6.1\%$

② 3년만기 이표채의 가격 $= \frac{8}{1.0883} + \frac{8}{(1.0883)^2} + \frac{108}{(1.0883)^3} = 97.893$원이므로 다음의 관계가 성립하여야 한다: $97.893 = \frac{8}{1.03} + \frac{8}{(1.061)^2} + \frac{108}{(1+r_3)^3} = 7.767 + 7.107 + \frac{108}{(1+r_3)^3}$

이 식에서 $r_3 = 9.16\%$이다.

4년만기 이표채의 가격 $= \frac{18}{1.0876} + \frac{18}{(1.0876)^2} + \frac{18}{(1.0876)^3} + \frac{118}{(1.0876)^4} = 130.09$원이므로 다음의 관계가 성립하여야 한다:

$$130.09 = \frac{18}{1.03} + \frac{18}{(1.061)^2} + \frac{18}{(1.0916)^3} + \frac{118}{(1+r_4)^4}$$

$$= 17.476 + 15.989 + 13.850 + \frac{118}{(1+r_4)^4}$$

이 식에서 $r_4 = 9.27\%$이다.

5-7 ① 우상향 수익률곡선을 얻게 된다.

② 수익률스프레드는 각 채권의 수익률에서 국채의 수익률을 뺀 값이 된다.

만기(년)	수익률스프레드(%)	
	AAA	BBB
1	0.20	0.60
3	0.40	0.95
5	0.60	1.35
10	0.70	1.80

수익률스프레드는 채무불이행위험과 위험프리미엄의 합이다.

5-8 ① $B_0 = \frac{60,000}{1.0605} + \frac{60,000}{(1.0605)^2} + \cdots + \frac{1,060,000}{(1.0605)^4} = 998,269$원

② 발행해야 할 채권의 수는 100억/998,269 = 10,017.34이다. 따라서 10,018개의 채권을 발행하여야 하므로 총액면금액은 10,018 × 998,269원 = 10,000,658,842원이다.

③ 액면가에 채권을 판매하기 위해서는 표면이자율이 만기수익률과 일치해야 한다. 따라서 표시이자율이 6.0%이므로 채권은 AAA등급을 받아야 한다.

④ 이 채권의 만기수익률(y)을 구하면

$$951,380 = \frac{60,000}{(1+y)} + \frac{60,000}{(1+y)^2} + \cdots + \frac{1,060,000}{(1+y)^4} \qquad \therefore y = 7.45\%$$

만기수익률이 7.45%인 채권은 BB등급에 해당하며 이는 투기등급(부실채권)에 해당한다.

5-9 ① 미래의 기대현금흐름을 할인한 값을 구하면 된다.

$$P_0 = \frac{2,500}{1.1} + \frac{3,000 + 63,000}{1.1^2} = 56,818.18\text{원}$$

② $P_1 = \frac{3,000 + 63,000}{1.1} = 60,000$원

③ $P_0 = \frac{D_1 + P_1}{1.1} = \frac{2,500 + 60,000}{1.1} = 56,818.18$원. 1년 후에 주식을 적정가격에 처분하는 한 ①의 결과와 같다는 것을 알 수 있다.

5-10 ① 본문의 식 5.17에 의하면 할인율(자기자본비용) = 배당수익률 + 배당성장률이다.
따라서 배당성장률은 자기자본비용 − 배당수익률 = 7% − 2.1% = 4.9%이다.
② 항상배당성장모형에서 예상 주가상승률은 배당성장률과 같다. 따라서 4.9%이다.

5-11 우선 처음 6년간의 배당의 현재가치를 구하면,

$$PV_{6년간\ 배당} = \frac{1,150\,(1.085)}{0.067 - 0.085}\left(1 - \left(\frac{1.085}{1.067}\right)^6\right) = 7,319원$$

6년 이후의 배당들을 6년 시점의 현재가치로 구하면,

$$6년\ 후\ 시점의\ 가치_{6년\ 이후\ 배당} = \frac{1,150\,(1.085)^6(1.053)}{0.067 - 0.053} = 141,116원$$

이 값의 현 시점 가치는

$$PV_{6년\ 이후\ 배당} = \frac{141,116}{1.067^6} = 95,629원$$

따라서 Q사 주식의 현재 가격은 7,319 + 95,629 = 102,948원이다.

5-12 ① $P_0 = \dfrac{100}{0.1 - 0.05} = 2,000$원

② $\dfrac{EPS_1}{k} = \dfrac{160}{0.1} = 1,600$원

③ $2,000 = \dfrac{EPS_1}{k} + NPVGO = 1,600 + NPVGO \qquad \therefore NPVGO = 400$원

④ 유보율 $b = 100/160 = 0.375$. 성장률 $g = b \times ROE$
$0.05 = 0.375 \times ROE$. 따라서 $ROE = 0.05/0.375 = 13.33\%$

⑤ 본문의 식 5.25를 이용하면,

$$NPV_t = b \cdot EPS_t \cdot \left(\frac{ROE}{k} - 1\right) = 0.375 \times 160 \times \left(\frac{0.1333}{0.1} - 1\right) = 20$$

본문의 식 5.29에 의해 $NPVGO$는 다음과 같이 구할 수 있다.

$$NPVGO = \frac{NPV_1}{k - g} = \frac{20}{0.1 - 0.05} = 400.$$ 위 ③의 결과와 일치한다.

5-13 ① 주가이익배수(PER)를 이용한 평가

㈜HM의 적정주가 = EPS_1 × 유사기업들의 평균 PER
= 3,000원 × 15 = 45,000원

② 주가장부가치배수(PBR)를 이용한 평가

㈜HM의 적정주가 = BPS_0 × 유사기업들의 평균 PBR
= 40,000원 × 1.2 = 48,000원

제6장 순현가법과 자본예산기법

6-1 본문 138~139쪽 참조

6-2 본문 140~156쪽 참조

6-3 ① 회계적 이익률 = 연평균순이익/연평균투자액

연평균순이익 = (Δ매출액 − Δ현금비용 − Δ감가상각)(1 − 법인세율)

= (1,000 − 300 − 500) × 0.7 = 140억원

연평균투자액 = 매년말 장부가치의 합/투자수명 + 1

= (2,000 + 1,500 + 1,000 + 500 + 0)/(4 + 1) = 1,000억원

회계적 이익률 = 140억/1,000억 = 14%

② 투자 후 매년의 증분영업현금흐름 = 세후영업이익 + 감가상각비 = 140억 + 500억 = 640억원

투자비용 = 2,000억원

회수기간 = 4년

③ NPV = 640억 × $PVFA$(10%, 4년) − 2,000억 = 29억원

④ 순현가(NPV)가 0보다 크므로 투자안을 수용한다.

6-4 ① 엑셀을 이용하면 $NPV(X)$ = 1,325만원, $NPV(Y)$ = 1,095만원을 얻는다.

② 역시 엑셀을 이용하면 $IRR(X)$ = 18.03%, $IRR(Y)$ = 14.96%를 얻는다.

③ $PI(X) = (1{,}325 + 10{,}000)/10{,}000 = 1.1325$, $PI(Y) = (1{,}095 + 10{,}000)/10{,}000 = 1.1095$

④ 이 경우 NPV가 큰 투자안이 IRR과 PI도 크게 되기 때문에 투자안 X가 경제성이 크다.

6-5 본문 148~155쪽 참조

6-6 ① $NPV(A) = 300$; $NPV(B) = 400$. 따라서 B를 선택한다.

② $NPV(A) = 110.64$; $NPV(B) = 88.53$. 따라서 A를 선택한다.

③ ①의 경우 화폐의 시간가치를 고려하지 않고 순현가를 구했으며 ②에서는 15%의 할인율을 적용하였다. 따라서 초기의 현금흐름이 큰 A 투자안은 ②의 경우 상대적으로 가치가 크게 평가되고 후기의 현금흐름이 큰 투자안 B는 ②의 경우 할인효과가 크게 발생하여 상대적으로 가치가 작게 평가된다.

6-7 ① 엑셀을 이용하면 $IRR(A) = IRR(B) = IRR(C)$ = 15%를 얻는다.

② 각 투자안의 2년 후의 미래가치는 다음과 같다.

A: $11,500 \times 1.15 = 13,225$, B: $6,151 \times 1.15 + 6,151 = 13,225$, C: $13,225$

③ 세 투자안의 *IRR*이 동일하게 15%이므로 *IRR*법을 이용해서는 의사결정을 할 수 없다. 순현가법(*NPV*)을 통하여 투자의 우선순위를 결정한다: $NPV(A) = 455$; $NPV(B) = 675$; $NPV(C) = 847$. 투자안 C가 가장 우월하다.

6-8 시점:

0	1	2	3	4	5
−80억		50억	16억	16억	16억

이 사업의 회수기간은 4년이므로 회수기간법에 따르면 영화제작을 하지 말아야 한다.

$NPV = -80 + \frac{50}{(1.11)^2} + \frac{16}{0.11}\left(1 - \frac{1}{(1.11)^3}\right)\frac{1}{(1.11)^2} = -7.6849$억원이므로 순현가법에 따른 결정도 이 영화사업을 하지 않는 것이다.

6-9 ① $NPV_A = -70 + \frac{15}{r} = 0 \quad \therefore IRR_A = 21.43\%$

$NPV_B = -70 + \frac{12}{r - 0.023} = 0 \quad \therefore IRR_B = 19.44\%$

따라서 내부수익률법에 따르면 A사업을 선택할 것이다.

② $NPV_A = -70 + \frac{15}{0.08} = 117$억 5,000만원

$NPV_B = -70 + \frac{12}{0.08 - 0.023} = 140$억 5,263만원

따라서 순현가법에 따르면 B사업을 선택할 것이다.

③ 두 사업의 *NPV*가 일치하는 점에서 $IRR = 11.5\%$이다. 따라서 자본조달비용이 11.5%보다 높을 때 내부수익률이 높은 사업을 선택하는 것이 옳다.

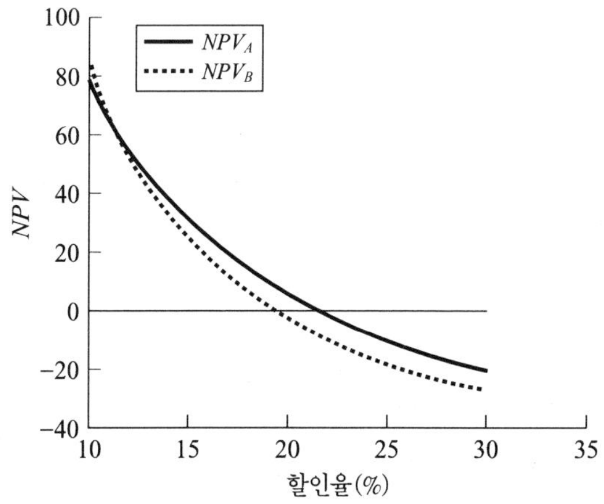

6-10 투자안 A의 순현가가 더 크다. 문제에서 두 투자안은 동일한 내부수익률을 갖고 현금흐름은 투자안 B가 투자 초기에 더 큰 현금흐름을, 투자안 A는 후기에 더 큰 현금흐름을 갖는다. 초기 현금흐름이 클수록 순현가와 할인율의 관계를 나타내는 기울기가 완만할 것이므로 내부수익률이 할인율보다 높은 상황에서 현금흐름이 늦게 발생하는 투자안의 순현가가 크게 나타난다.

이는 미래현금흐름에 대한 재투자수익률의 가정이 내부수익률법에서는 내부수익률을 순현가법에서는 할인율을 기준으로 하는 이유에서도 그 원인을 찾을 수 있을 것이다. 즉, 동일조건이면 내부수익률법은 재투자효과가 크게 나타나는 초기 현금흐름이 큰 투자안을, 순현가법은 현금흐름이 일정하게(또는 상대적으로 후기에 큰 현금흐름이) 나타나는 투자안을 우월한 것으로 평가하게 된다.

6-11 ① $\dfrac{100}{1+IRR} = 100 + \dfrac{75}{(1+IRR)^2}$ $\quad\therefore IRR = \pm 50\%$

② $NPV = \dfrac{200}{1.2} - \dfrac{75}{1.2^2} - 100 = 14.58$억원

IRR을 의사결정기준으로 이용하는 경우 이 투자안은 합리적인 의사결정을 할 수가 없다. 두 가지 값 중 어느 값이 투자수익률을 나타내는지 모르기 때문이다. 그러나 순현가를 기준으로 하는 경우 할인율이 20%인 경우 순현가가 0보다 크므로 경제성이 있다.

6-12 ① 시점:

시점	0	1	2	3	…	19
	−1.2억		0.2억	0.2억		0.2억 − 2억

$$NPV = -1.2억 + \dfrac{\dfrac{0.2억}{0.12}\left(1 - \dfrac{1}{(1.12)^{18}}\right)}{1.12} - \dfrac{2억}{(1.12)^{19}} = 12{,}128{,}718원$$
으므로 이 사업은 추진할 가치가 있다.

② 이 경우 내부수익률법은 적당하지 않다. 왜냐하면 현금흐름의 부호가 처음 음에서 양으로 변환이 된 후 19년째에 다시 양에서 음으로 바뀌기 때문이다.

③ $$NPV = -1.2억 + \dfrac{\dfrac{0.2억}{r}\left(1 - \dfrac{1}{(1+r)^{18}}\right)}{1+r} - \dfrac{2억}{(1+r)^{19}} = 0$$

이 경우 IRR을 구하면 −4.542% 또는 9.326%이다. 이는 현금흐름의 부호가 2번 이상 바뀌기 때문에 내부수익률법을 사용할 경우 복수의 IRR이 나오게 된다.

6-13

시점:	0	1	2	3
대관람차	−6,000	2,000	3,000	2,000
롤러코스터	−11,000	3,500	4,600	4,900
증분	−5,000	1,500	1,600	2,900

(롤러코스터−대관람차)

증분현금흐름으로부터 내부수익률을 구하면,

$$NPV = -5{,}000 + \frac{1{,}500}{1+r} + \frac{1{,}600}{(1+r)^2} + \frac{2{,}900}{(1+r)^3} = 0$$

$IRR = 8.62\%$로 자본조달비용인 8%보다 높다. 따라서 롤러코스터를 선택해야 한다.

6-14 ① 수익성지수를 기준으로 프로젝트를 선정한다면 주어진 예산하에서는 라, 다 프로젝트가 *NPV*를 극대화한다.

② 연구원 수가 제한되어 있다면, *NPV*/명을 기준으로 하여 나, 다, 가 혹은 라를 선택할 것이다. 라는 *NPV*/명이 다 다음으로 높지만, 필요한 연구원의 수가 12명이기 때문에 제약조건을 만족시킬 수 없다. 또한 나, 다, 가 프로젝트를 선택하면 자본제약도 충족시킨다. 또 다른 방법은 라만을 선택하는 것인데 이것은 앞의 경우보다 순현가가 낮기 때문에 나, 다, 가를 선택하는 것이 최적이다.

③ 연구원 수가 16명이라면 수익성지수를 기준으로 투자를 결정할 수 없다. 왜냐하면 연구원 수의 제약조건이 위와 다르기 때문이다. 이 경우에는 나와 라를 고르는 것이 최적이다.

제7장 순현가법과 자본예산의 실제

7-1 본문 169~171쪽 참조

7-2 본문 177~179쪽 참조

7-3 본문 180~183쪽 참조(반복투자법과 연간균등비용법)

7-4 ① 새로운 피자의 매출액 – 오리지널 피자 매출의 손실금액 = 10억(1 – 0.3) = 7억원

② 새로운 피자의 매출액 – 회사를 옮기지 않을 고객으로부터의 오리지널 피자 매출 손실금액
= 10억 × (1 – 0.50 × 0.30) = 8.5억원

7-5 OCF = 당기순이익 + 감가상각비 = 2,000억 + 800억 = 2,800억원

$FCF = OCF$ – 자본적 지출 – 순운전자본증가 = 2,800억 – 1,500억 – 200억 = 1,100억원

7-6 ①

(단위: 억원)

	1년	2년
수익	140	200
매출원가 및 영업비용	(51)	(65)
감가상각비	(30)	(38)
법인세비용 차감전 순이익	59	97
법인세비용(세율 30%)	(17.7)	29.1
당기순이익	41.3	67.9
증분세후영업이익	41.3 + 30 = 71.3억원	67.9 + 38 = 105.9억원

②

(단위: 억원)

	1년	2년
증분세후영업이익	71.3	105.9
(자본적 지출)	(37)	(41)
(순운전자본 증가)	(6)	(9)
잉여현금흐름	28.3억원	55.9억원

7-7 (i) 정액법

감가상각비 = (10억 – 0.6억)/5 = 1.88억원. 정액법을 따를 경우 매년 1.88억원씩 상각되고 1.88 × 0.4 = 0.752억원의 감세효과를 얻는다.

(ii) 정률법

$$감가상각률 = 1 - \sqrt[5]{\frac{0.6억}{10억}} = 43.03\%$$

(단위: 억원)

연도	1	2	3	4	5
기초장부가액	10	5.6970	3.2456	1.8490	1.0534
감가상각비	4.3030	2.4514	1.3966	0.7956	0.4533
감세효과	1.7212	0.9806	0.5586	0.3182	0.1813

(iii) 감가상각방법에 따른 감세효과 차이

(단위: 억원)

연도	1	2	3	4	5
정액법	0.752	0.752	0.752	0.752	0.752
정률법	1.7212	0.9806	0.5586	0.3182	0.1813
정액법 − 정률법	−0.9692	−0.2286	0.1934	0.4338	0.5707

정률법을 이용하는 경우 정액법에 비해 초기에 더 큰 감세효과를 얻는다.

7-8 잉여현금흐름(FCF) = 법인세 차감전 순이익$(1-\tau_C)$ + 감가상각비 − 자본적 지출 − 순운전자본증가

먼저 외부에서 바퀴를 구입하는 경우의 잉여현금흐름은,

$$FCF = -2{,}000 \times 400{,}000(1-0.35) = -5.2억원/년$$

$$NPV = -5.2억 \times \frac{1}{0.15}\left(1 - \frac{1}{1.15^{10}}\right) = -26.09776억원$$

직접 바퀴를 생산하는 경우,

$$FCF(0년) = -2억 - 0.35억 = -2.35억$$

$$\begin{aligned} FCF(1년\sim9년) &= 법인세\ 차감전\ 순이익(1-\tau_C) + 감가상각비 \\ &= (비용 - 감가상각비)(1-\tau_C) + 감가상각비 \\ &= (-1{,}600 \times 400{,}000 - 20{,}000{,}000)(1-0.35) + 20{,}000{,}000 \\ &= -4.09억원/년 \end{aligned}$$

$$\begin{aligned} FCF(10년) &= -4.09억 + (1-0.35) \times 0.18억 + 0.35억 \\ &= -3.623억원 \end{aligned}$$

$$NPV = -2.35억 - \frac{4.09억}{0.15}\left(1 - \frac{1}{1.15^{9}}\right) - \frac{3.623억}{1.15^{10}} = -22.76132억원$$

따라서 직접 생산하는 것이 바람직하다.

7-9

증분현금흐름

(단위: 억원)

연도	0	1	2	3	4	5
최초투자액	(40)					
매출액		40	42	44.1	46.31	48.62
매출원가		(20)	(22)	(24.2)	(26.62)	(29.28)
감가상각비*		(0.8)	(0.8)	(0.8)	(0.8)	(0.8)
영업이익		19.2	19.2	19.1	18.89	18.54
세후영업이익		12.672	12.672	12.606	12.467	12.24
감가상각비		0.8	0.8	0.8	0.8	0.8
증분현금흐름	(40)	13.472	13.472	13.406	13.267	13.04

* 감가상각비 = 4억/5 = 0.8억원

$$\therefore NPV = -40 + \frac{13.472}{1.15} + \frac{13.472}{1.15^2} + \frac{13.406}{1.15^3} + \frac{13.267}{1.15^4} + \frac{13.04}{1.15^5} = -40 + 44.785 = 4.785\text{억원}$$

NPV가 양(+)이므로 투자안을 수용한다.

7-10 투자안의 평가에 인플레이션을 반영하기 위해서는 모든 현금흐름을 명목현금흐름으로 표시한 후 이를 명목이자율로 할인하는 방법과 현금흐름을 실질현금흐름으로 바꾼 후 이를 실질이자율로 할인하는 방법이 있다. 투자안 A는 실질기준으로 평가하고 투자안 B는 명목기준으로 평가해 보자.

$$NPV(\text{A}) = \frac{40,000}{1.1058} + \frac{15,000}{1.1058^2} + \frac{15,000}{1.1058^3} - 50,000 = 9,533\text{만원}$$

여기서 0.1058(= 1.15/1.04 − 1)은 실질할인율이다.

$$NPV(\text{B}) = \frac{20,000}{1.15} + \frac{40,000}{1.15^2} + \frac{80,000}{1.15^3} - 100,000 = 238\text{만원}$$

∴ 순현가가 더 큰 투자안 A를 선택할 것이다.

7-11 리스료는 계약에 의해 고정된 현금흐름이다. 따라서 매출원가에서 리스료를 빼내 별도로 처리한다. 매출액, 매출원가, 기타비용은 실질할인율이 주어져 있으므로 실질기준으로 평가를 하고 리스료는 계약에 의해 정해진 비용으로 명목비용이므로 명목기준으로 평가한다.

(i) 매출액의 현가

첫 해 매출액의 현금흐름을 실질현금흐름으로 바꾸면 150,000/1.06 = 141,509이고 실질기준 5%로 영구성장을 하므로 현가는 다음과 같다.

매출액의 현가 = 141,509/(0.1 − 0.05) = 2,830,180만원

(ii) 리스료를 제외한 매출원가의 현가

첫 해 매출원가의 현금흐름을 실질현금흐름으로 바꾸면 60,000/1.06 = 56,604이고 실질기준 3%로 영구성장을 하므로 현가는 다음과 같다.

리스료 제외 매출원가의 현가 = 56,604/(0.1 − 0.03) = 808,629만원

(iii) 기타비용의 현가

첫 해 기타비용의 현금흐름을 실질현금흐름으로 바꾸면 40,000/1.06 = 37,736이고 실질기준 1%로 영구성장을 하므로 현가는 다음과 같다.

기타비용의 현가 = 37,736/(0.1 − 0.01) = 419,289만원

(iv) 리스료의 현가

리스료 현가 계산에 적용될 할인율은 명목이자율이다. 예상인플레이션율이 6%이며 리스료의 실질할인율이 7%이므로 명목할인율은 1.06 × 1.07 − 1 = 13.42%이다.

리스료의 현가 = 20,000/0.1342 = 149,031만원

(v) NPV = 2,830,180 − 808,629 − 419,289 − 149,031 = 1,453,231만원

∴ 투자안을 채택한다.

7-12 연간균등비용(EAC)을 계산하면 다음과 같다.

실질이자율 = 1.14/1.05 − 1 = 8.6%

$$PV(A\text{의 현금유출}) = 1,800 + \frac{200}{1.086} + \frac{200}{1.086^2} + \frac{200}{1.086^3} = 2,310.16$$

$$EAC(A) = \frac{2,310.16}{PVFA\,(8.6\%,\ 3\text{년})} = \frac{2,310.16}{2.5496} = 906$$

$$PV(B\text{의 현금유출}) = 1,400 + \frac{220}{1.086} + \frac{220}{1.086^2} + \frac{220}{1.086^3} + \frac{220}{1.086^4} + \frac{220}{1.086^5} = 2,264.68$$

$$EAC(B) = \frac{2,264.68}{PVFA\,(8.6\%,\ 5\text{년})} = \frac{2,264.68}{3.9304} = 576.19$$

∴ 모델 B가 더 우월한 투자안이다.

7-13 ① $PV = \frac{65\text{억}}{10}(0.35) \times \frac{1}{1.08}\left(1 - \frac{1}{(1.08)^{10}}\right) = 11,307,730\text{원}$

② $PV = \frac{65\text{억}}{5}(0.35) \times \frac{1}{1.08}\left(1 - \frac{1}{(1.08)^{5}}\right) = 13,456,912\text{원}$

③ 잔존가치가 없을 경우 MACRS(Modified Accelerated Cost Recovery System)를 사용할 수 있다. MACRS는 미리 계산해 놓은 감가상각률표이다.

	0	1	2	3	4	5
MACRS 감가상각률	20%	32%	19.2%	11.52%	11.52%	5.76%
감가상각비	13억	20.8억	12.48억	7.488억	7.488억	3.744억
감가상각비 감세효과	4.55억	7.28억	4.368억	2.6208억	2.6208억	1.3104억

PV = 19.93억원

④ 65억 × 0.35 = 22.75억원

제8장 위험과 수익률

8-1 본문 193~195쪽 참조

8-2 본문 195~199쪽 참조

8-3 ① 기말의 기대가치 = (50,000 + 150,000) × 0.5 = 100,000원

할인율 = 무위험이자율 + 위험프리미엄 = 15%

따라서 자산의 현재가치 = 100,000원/(1 + 0.15) = 86,956원

② 투자의 기대수익률 = 100,000/86,956 − 1 = 15%

③ 할인율 = 0.05 + 0.15 = 20%

새로운 자산가격 = 100,000/1.2 = 83,333원

④ 자산의 가격과 위험프리미엄은 반비례의 관계를 갖는다. 즉, 위험프리미엄이 커질수록 미래 현금흐름을 할인하는 할인율이 커지므로 자산의 현재가격은 작아진다.

8-4 A기업 주식에 2년간 투자하는 경우 주가변동은 다음과 같다.

0	1	2
$P_0 = 10,000$	$D_1 = 0$	$D_2 = 0$
	$P_1 = 15,000$	$P_2 = 15,000$

① 위 자료를 이용하여 각 기간의 수익률을 구하면 다음과 같다.

첫 번째 해의 수익률 = 0/10,000 + (15,000 − 10,000)/10,000 = 50%

두 번째 해의 수익률 = 0/15,000 + (10,000 − 15,000)/15,000 = −33.33%

2년 동안의 보유기간 수익률은 식 8.6을 이용하여 구할 수 있다.

HPR(2) = (1 + 0.5)(1 − 0.3333) − 1 = 0%이다.

② 연평균수익률은 식 8.7과 식 8.8을 이용하여 구할 수 있다.

산술연평균수익률 = (0.5 + (−0.3333))/2 = 8.34%

기하연평균수익률 = $[(1+0.5)(1-0.3333)]^{\frac{1}{2}} - 1 = 0\%$

기하연평균수익률이 투자의 경제적 실질을 잘 나타낸다.

8-5 기대수익률: $E(r_i) = -10 \times 0.2 + (-5) \times 0.3 + 3 \times 0.3 + 15 \times 0.2 = 0.4(\%)$

분산: $\sigma_i^2 = (-10 - 0.4)^2 \times 0.2 + (-5 - 0.4)^2 \times 0.3 + (3 - 0.4)^2 \times 0.3 + (15 - 0.4)^2 \times 0.2 = 75.04(\%^2)$

표준편차: $\sigma_i = \sqrt{\sigma_i^2} = \sqrt{75.04\%^2} = 8.66\%$

8-6 기대수익률: $E(r_A) = -18 \times 0.1 + 33 \times 0.3 + 15 \times 0.2 - 10 \times 0.2 + 27 \times 0.2 = 14.5(\%)$

$E(r_B) = -14 \times 0.1 + 22 \times 0.3 + 30 \times 0.2 - 7 \times 0.2 + 26 \times 0.2 = 15(\%)$

분산: $\sigma_A^2 = (-18 - 14.5)^2 \times 0.1 + (33 - 14.5)^2 \times 0.3 + (15 - 14.5)^2 \times 0.2 + (-10 - 14.5)^2 \times 0.2 + (27 - 14.5)^2 \times 0.2 = 359.65(\%^2)$

$\sigma_B^2 = (-14 - 15)^2 \times 0.1 + (22 - 15)^2 \times 0.3 + (30 - 15)^2 \times 0.2 + (-7 - 15)^2 \times 0.2 + (26 - 15)^2 \times 0.2 = 264.8(\%^2)$

표준편차: $\sigma_A = \sqrt{\sigma_A^2} = \sqrt{359.65\%^2} = 18.96\%$, $\sigma_B = \sqrt{\sigma_B^2} = \sqrt{264.8\%^2} = 16.27\%$

공분산: $\text{Cov}(r_A, r_B) = (-18 - 14.5)(-14 - 15) \times 0.1 + (33 - 14.5)(22 - 15) \times 0.3 + (15 - 14.5)(30 - 15) \times 0.2 + (-10 - 14.5)(-7 - 15) \times 0.2 + (27 - 14.5)(26 - 15) \times 0.2 = 269.9(\%^2)$

상관계수: $\rho_{AB} = \dfrac{\text{Cov}(r_A, r_B)}{\sigma_A \sigma_B} = \dfrac{269.9(\%^2)}{(18.96\%)(16.27\%)} = 0.87$

8-7 표본평균과 표본의 분산 및 표준편차, 표본공분산을 구하면 된다.

평균수익률: $\bar{r}_A = \dfrac{3 + 10 + 5 - 4 + 11}{5} = 5(\%)$, $\bar{r}_B = \dfrac{-5 + 30 + 15 - 11 + 6}{5} = 7(\%)$

표본분산: $S_A^2 = \dfrac{(3-5)^2 + (10-5)^2 + (5-5)^2 + (-4-5)^2 + (11-5)^2}{5-1} = 36.5(\%^2)$

$S_B^2 = \dfrac{(-5-7)^2 + (30-7)^2 + (15-7)^2 + (-11-7)^2 + (6-7)^2}{5-1} = 265.5(\%^2)$

표본표준편차: $S_A = \sqrt{36.5\%^2} = 6.04\%$, $S_B = \sqrt{265.5\%^2} = 16.29\%$

표본공분산:

$S_{AB} = \dfrac{(3-5)(-5-7) + (10-5)(30-7) + (5-5)(15-7) + (-4-5)(-11-7) + (11-5)(6-7)}{5-1}$
$= 76.75(\%^2)$

표본상관계수 $= \dfrac{76.75\%^2}{(6.04\%)(16.29\%)} = 0.78$

8-8 ① 주식투자의 연간기대수익률 $= 35\% \times 0.5 - 20\% \times 0.5 = 7.5\%$

투자전략 1의 2년의 보유기간수익률의 기대치: $HPR_1(2) = (1.04)(1.075) - 1 = 11.8\%$

투자전략 2의 2년의 보유기간수익률의 기대치: $HPR_2(2) = (1.075)(1.075) - 1 = 15.57\%$

② 표준편차

투자전략 1의 2년 말의 수익률의 확률분포는 50%의 확률로 40.4%($= 1.04 \times 1.35 - 1$)이거나 50%의 확률로 −16.8%($= 1.04 \times 0.8 - 1$)이다. 따라서 표준편차는 다음과 같다.

$\sigma_1^2 = 0.5 \times (40.4 - 11.8)^2 + 0.5 \times (-16.8 - 11.8)^2 = 817.96(\%^2)$, $\sigma_1 = \sqrt{817.96\%^2} = 28.6\%$

투자전략 2의 2년 말의 수익률의 확률분포는 다음과 같다.

수익률	확률
82.25%(= 1.35 × 1.35 − 1)	0.25
8%(= 1.35 × (1 − 0.2) − 1 또는 (1 − 0.2) × 1.35 − 1)	0.50
−36%(= (1 − 0.2) × (1 − 0.2) − 1)	0.25

따라서 투자전략 2의 표준편차는 다음과 같다.

$\sigma_2^2 = 0.25 \times (82.25 - 15.57)^2 + 0.5 \times (8 - 15.57)^2 + 0.25 \times (-36 - 15.57)^2 = 1,806.07(\%^2)$

$\sigma_2 = \sqrt{1,806.07\%^2} = 42.50\%$

③ 보유기간과 투자위험

위 ②에서 무위험자산에 1년, 주식에 1년 투자하는 투자전략 1에 비해 주식에 2년간 투자하는 투자전략 2의 위험이 더 크다. 또 주식에 1년 투자하는 경우 위험은 다음과 같다. 따라서

1년 투자 시의 주식수익률의 분산 $= (35 - 7.5)^2 \times 0.5 + (-20 - 7.5)^2 \times 0.5 = 756.25(\%^2)$

1년 투자 시의 주식수익률의 표준편차 $= \sqrt{756.25\%^2} = 27.5\%$

주식의 보유기간을 늘린다고 해서 투자위험이 줄어드는 것은 아니다.

제9장 포트폴리오이론

9-1 본문 212~213쪽 참조

9-2 본문 220~223쪽 참조

9-3 본문 242쪽 [그림 9-14] 참조

9-4 본문 242~245쪽 참조

9-5 본문 245~246쪽 참조

9-6 식 9.5와 식 9.6을 이용하여 포트폴리오의 기대수익률과 분산을 구해 보자.

$$E(r_P) = w_A \cdot E(r_A) + w_B \cdot E(r_B) = 0.3 \times 0.15 + 0.7 \times 0.2 = 18.5\%$$

$$\sigma_P^2 = w_A^2 \cdot \sigma_A^2 + w_B^2 \cdot \sigma_B^2 + 2w_A \cdot w_B \cdot \rho_{AB} \cdot \sigma_A \cdot \sigma_A$$

$$= 0.3^2 \times 0.4^2 + 0.7^2 \times 0.6^2 + 2 \times 0.3 \times 0.7 \times 0.6 \times 0.6 \times 0.4 = 0.2513$$

따라서 포트폴리오 수익률의 표준편차는 $\sigma_P = \sqrt{0.2513} = 0.50$, 즉 50%이다.

9-7 표에 주어진 수치를 이용하여 주식 A와 B의 상관계수를 구해 보자.

$$\sigma_P^2 = w_A^2\sigma_A^2 + w_B^2\sigma_B^2 + 2w_A w_B \rho_{AB} \sigma_A \sigma_B = (0.2)^2(0.3)^2 + (0.8)^2(0.24)^2$$
$$+ 2(0.2)(0.8)\rho_{AB}(0.3)(0.24) = (0.228)^2$$

위 식에서 ρ_{AB}를 구하면 $\rho_{AB} = 0.5$이다.

식 9.5와 식 9.6, 그리고 위에서 구한 상관계수를 이용하여 표에 제시된 각 포트폴리오의 기대수익률과 표준편차를 구하면 다음과 같다.

구성비율		기대수익률	표준편차
w_A	w_B		
1.0	0.0	0.200	0.300
0.8	0.2	0.192	0.267
0.6	0.4	0.184	0.243
0.5	0.5	0.180	0.197
0.4	0.6	0.176	0.192
0.2	0.8	0.168	0.228
0.0	1.0	0.160	0.240

9-8 공분산행렬을 구해 보자.

	x	y	z
x	$w_x^2\sigma_x^2$	$w_x\sigma_{xy}w_y$	$w_x\sigma_{xz}w_z$
y	$w_x\sigma_{xy}w_y$	$w_y^2\sigma_y^2$	$w_y\sigma_{yz}w_z$
z	$w_x\sigma_{xz}w_z$	$w_y\sigma_{yz}w_z$	$w_z^2\sigma_z^2$

$$\sigma_P^2 = 0.5^2\times0.4^2+0.4^2\times0.5^2+0.1^2\times0.2^2+2\times0.5\times0.4\times0.6\times0.4\times0.5$$
$$+2\times0.5\times0.1\times0.2\times0.4\times0.2+2\times0.4\times0.1\times0.1\times0.5\times0.2=0.1308$$

$\therefore\ \sigma_P=\sqrt{0.1308}=0.3617$, 즉 36.17%이다.

9-9 ㈜이지텍을 A라 하고 ㈜라지텍을 B라 하면

① $E(r_P)=0.14w_A+0.08w_B$

$$\sigma_P^2=w_A^2\cdot\sigma_A^2+w_B^2\cdot\sigma_B^2+2w_A\cdot w_B\cdot\rho_{AB}\cdot\sigma_A\cdot\sigma_B$$
$$=\sigma_A^2\times w_A^2+\sigma_B^2\times w_B^2-2\times\sigma_A\times\sigma_B\times w_A\times w_B$$
$$\sigma_P=|\,w_A\sigma_A-w_B\sigma_B\,|$$

i) $\sigma_P=w_A\sigma_A-w_B\sigma_B$인 경우: $w_B=1-w_A$이며 표준편차 식에서 $w_A=\dfrac{\sigma_P+\sigma_B}{\sigma_A+\sigma_B}$이므로 이를 기대수익률 식에 대입하여 정리하면 다음과 같은 기대수익률과 위험의 선형관계식을 얻는다.

$$E(r_P)=\frac{\sigma_A E(r_B)+\sigma_B E(r_A)}{\sigma_A+\sigma_B}+\frac{E(r_A)-E(r_B)}{\sigma_A+\sigma_B}\cdot\sigma_P$$

ii) $\sigma_P=w_B\sigma_B-w_A\sigma_A$인 경우: $w_B=1-w_A$이며 표준편차 식에서 $w_A=\dfrac{\sigma_B-\sigma_P}{\sigma_A+\sigma_B}$이므로 이를 기대수익률 식에 대입하여 정리하면 다음과 같은 기대수익률과 위험의 선형관계식을 얻는다.

$$E(r_P)=\frac{\sigma_A E(r_B)+\sigma_B E(r_A)}{\sigma_A+\sigma_B}-\frac{E(r_A)-E(r_B)}{\sigma_A+\sigma_B}\cdot\sigma_P$$

② 두 주식 A와 B로 구성되는 포트폴리오들 중에서 가장 작은 위험을 갖는 최소분산포트폴리오(G)에서 두 주식이 차지하는 비중(w_A, w_B)은 다음과 같이 구해진다.

$$w_A^G=\frac{\sigma_B^2-\sigma_{AB}^*}{\sigma_A^2+\sigma_B^2-\sigma_{AB}}=\frac{0.08^2+0.008}{0.1^2+0.08^2+2\times0.008}=\frac{4}{9}$$

* $\sigma_{AB}=\rho_{AB}\cdot\sigma_A\cdot\sigma_B=-0.1\times0.08=-0.008$

$w_B^G=1-\dfrac{4}{9}=\dfrac{5}{9}$. 이때 얻게 되는 기대수익률은 $\dfrac{4}{9}\times0.14+\dfrac{5}{9}\times0.08=10.67\%$

9-10 식 9.17을 이용하자. $\sigma_P^2=\dfrac{1}{n}\overline{\sigma_i^2}+\left(1-\dfrac{1}{n}\right)\overline{\sigma_{ij}}$.

$n=2$일 때: $\dfrac{1}{2}\overline{\sigma_i^2}+\left(1-\dfrac{1}{2}\right)\overline{\sigma_{ij}}=17.2$, $n=4$일 때 : $\dfrac{1}{4}\overline{\sigma_i^2}+\left(1-\dfrac{1}{4}\right)\overline{\sigma_{ij}}=15.8$

두 식을 연립해서 풀면, $\overline{\sigma_i^2} = 20$, $\overline{\sigma_{ij}} = 14.4$

따라서 $\sigma_P^2 = \frac{1}{n} \times 20 + \left(1 - \frac{1}{n}\right) \times 14.4$이다. 그러므로,

$n = 1$일 때 $\sigma_P^2 = \overline{\sigma_i^2} = 20$

$n = 100$일 때 $\sigma_P^2 = \frac{1}{100} \times 20 + \left(1 - \frac{1}{100}\right) \times 14.4 = 14.456$

$n = \infty$일 때 $\sigma_P^2 = \overline{\sigma_{ij}} = 14.4$

9-11 ① $E(r_X) = 0.10$, $E(r_Y) = 0.05$, $E(r_Z) = 0.05$

$\sigma_X = 0.1414$, $\sigma_Y = 0.0354$, $\sigma_Z = 0.0354$

② $\sigma_{XY} = \text{Cov}(r_x, r_Y) = 0.25(-0.1 - 0.1)(0.0 - 0.05) + 0.5(0.1 - 0.1)(0.05 - 0.05)$
$+ 0.25(0.3 - 0.1)(0.1 - 0.05) = 0.005$

$$\rho_{XY} = \frac{\sigma_{XY}}{\sigma_X \sigma_Y} = \frac{0.005}{(0.1414)(0.0354)} = 1$$

마찬가지 방법으로, $\sigma_{XZ} = -0.005$, $\rho_{XZ} = -1$

③ 주식 X와 Y에 50%씩 투자한 포트폴리오:

$E(r_P) = w_X E(r_X) + w_Y E(r_Y) = 0.5(0.10) + 0.5(0.05) = 0.075$

$\sigma_P^2 = w_X^2 \sigma_X^2 + w_Y^2 \sigma_Y^2 + 2w_X w_Y \sigma_{XY} = (0.5)^2(0.1414)^2 + (0.5)^2(0.0354)^2 + 2(0.5)(0.5)(0.005)$
$= 0.0078$

$\sigma_P = \sqrt{0.0078} = 0.0884$

주식 X와 Z에 50%씩 투자한 포트폴리오:

$E(r_P) = w_X E(r_X) + w_Z E(r_Z) = 0.5(0.10) + 0.5(0.05) = 0.075$

$\sigma_P^2 = w_X^2 \sigma_X^2 + w_Z^2 \sigma_Z^2 + 2w_X w_Z \sigma_{XZ} = (0.5)^2(0.1414)^2 + (0.5)^2(0.0354)^2 + 2(0.5)(0.5)(-0.005)$
$= 0.0028$

$\sigma_P = \sqrt{0.0028} = 0.053$

X와 Z로 구성한 포트폴리오의 위험이 더 작다. 그 이유는 X와 Z의 수익률의 공분산이 음(−)의 값을 가지므로(또는 상관계수가 −1로) 두 주식의 수익률은 반대방향으로 움직인다. 따라서 분산효과가 더욱 크게 발생한다.

④ X와 Z로 구성되는 포트폴리오의 기대수익률과 위험

w_X	w_Z	$E(r_P)$	σ_P
100%	0%	10.0%	14.1%
80	20	9.0	10.6
50	50	7.5	5.3
20	80	6.0	0.0
0	100	5.0	3.5
−20	120	4.0	7.0

• 포트폴리오의 기대수익률과 위험의 관계

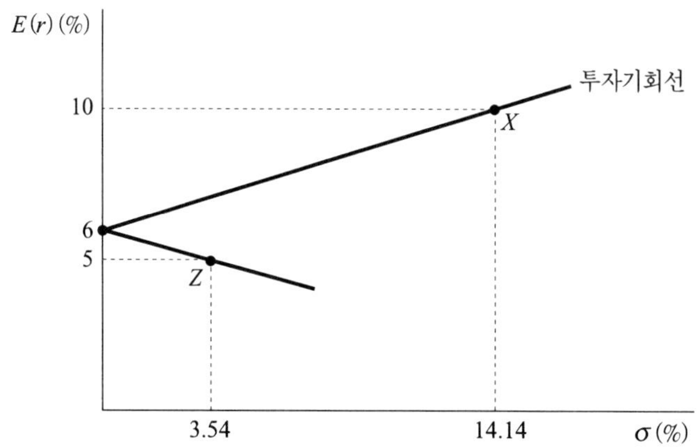

⑤ ④에서 최소분산포트폴리오는 X에 20%, Z에 80%를 투자하는 포트폴리오로 이 포트폴리오의 기대수익률은 6%이며, 표준편차는 0이다.

9-12 ① 모든 주식들의 표준편차가 동일하고 수익률 간의 상관계수도 동일하다. 따라서 식 9.17에서,

$$\sigma_P^2 = \frac{1}{n}\overline{\sigma_i^2} + \left(1 - \frac{1}{n}\right)\overline{\sigma_{ij}} = \frac{1}{n}\sigma^2 + \left(1 - \frac{1}{n}\right)\rho\sigma^2 = \frac{1}{25}(0.3)^2 + \left(1 - \frac{1}{25}\right)(0.5)(0.3)^2 = 0.0468$$

$$\sigma_P = \sqrt{0.0468} = 0.216$$

$$E(r_P) = 15\%$$

② 포트폴리오를 구성하는 주식의 수가 무한할 때 이 포트폴리오의 궁극적인 위험은 체계적 위험인 평균공분산이다. 평균공분산은 $\overline{\sigma_{ij}} = \rho\sigma^2 = (0.5)(0.3)^2 = 0.045$이다. $\sigma_P = \sqrt{0.045} = 0.212$.

③ $\sigma_P^2 = \frac{1}{n}\overline{\sigma_i^2} + \left(1 - \frac{1}{n}\right)\overline{\sigma_{ij}}$ 에서 주식수익률 간의 상관계수가 모두 0이면 $\sigma_P^2 = \frac{1}{n}\overline{\sigma_i^2}$ 이다. 따라서 n이 무한히 커지게 되면 포트폴리오의 위험은 0으로 수렴한다.

9-13 ① 식 9.24에 의해 기대수익률과 위험의 관계식은 다음과 같다.

$$E(r_P) = 0.1 + \frac{0.15 - 0.1}{0.8} \times \sigma_P = 0.1 + 0.0625\sigma_P$$

이 직선 위의 모든 점이 투자기회집합이 된다.

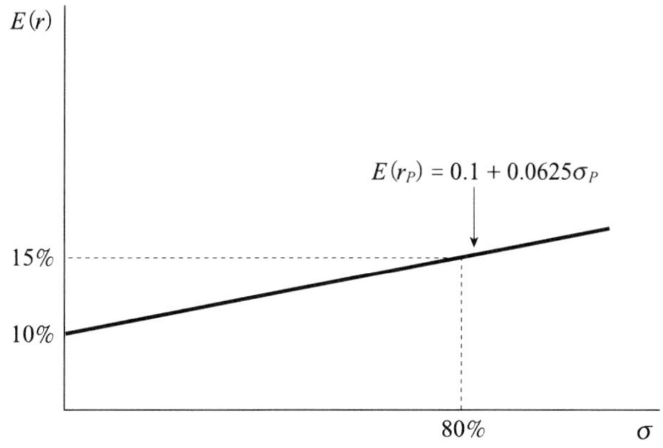

② $E(r_P) = 0.15 \times 0.5 + 0.1 \times 0.5 = 0.125(12.5\%)$

$\sigma_P^2 = 0.5^2 \times 0.8^2 = 0.16,\ \sigma_P = 0.4(40\%)$

③ $E(r_P) = 0.15 \times 1.5 - 0.1 \times 0.5 = 0.175(17.5\%)$

$\sigma_P^2 = 1.5^2 \times 0.8^2 = 1.44,\ \sigma_P = 1.2(120\%)$

9-14 두 은행은 기대수익률은 동일하지만, A은행의 경우 채무불이행의 위험이 분산되어 B은행에 비해 덜 위험하다. 즉, A은행이 보유하고 있는 개별채권과 B은행이 보유하고 있는 채권의 채무불이행확률은 6%로 동일하다. 각 채권의 수익률분포가 같고 표준편차가 σ라 하면, A은행이 보유한 100개 채권으로 구성된 포트폴리오의 위험은 $\sigma_P^2 = \frac{1}{n}\overline{\sigma_i^2} + \left(1 - \frac{1}{n}\right)\overline{\sigma_{ij}} = \frac{1}{100}\sigma^2$으로 B은행의 위험에 비해 1/100 수준으로 줄어든다.

9-15 체계적 위험: ①, ③

비체계적 위험: ②, ④

9-16 식 9.13을 이용하면 개별주식이 포트폴리오 전체의 위험(분산)에 기여하는 부분은 $w_i\sigma_{iP}$이다. $\sigma_{iP} = \rho_{iP}\sigma_i\sigma_P$이므로 주식 A와 주식 B가 포트폴리오의 표준편차에 기여하는 크기는 $\rho_{iP}\sigma_i$로 나타낼 수 있다.

따라서 A의 경우 55%×10%=5.5%, B의 경우 25%×24%=6%

그러므로 A를 팔아서 그 금액만큼 B에 투자하는 것이 포트폴리오 전체의 변동성을 더 증가시킨다.

9-17 ① 박 씨가 구성한 포트폴리오의 기대수익률과 표준편차

$$w_c = \frac{120,000,000}{100,000,000} = 1.2$$

$$E(r_P) = r_f + w_c(E(r_c) - r_f) = 5\% + 1.2 \times (20\% - 5\%) = 23\%$$

$$\sigma = 1.2\sigma_c = 36\%$$

② 포트폴리오 C의 올해 수익률이 30%일 때, 투자의 실현수익률

$$r = \frac{120,000,000 \times 1.3 - 20,000,000 \times 1.05}{100,000,000} - 1 = 35\%$$

또는 $E(r_P) = r_f + w_c(E(r_c) - r_f) = 5\% + 1.2 \times (30\% - 5\%) = 35\%$

③ 포트폴리오 C의 올해 수익률이 −25%일 때, 투자의 실현수익률

$$r = \frac{120,000,000 \times 0.75 - 20,000,000 \times 1.05}{100,000,000} - 1 = -31\%$$

또는 $E(r_P) = r_f + w_c(E(r_c) - r_f) = 5\% + 1.2 \times (-25\% - 5\%) = -31\%$

9-18 ① 포트폴리오에 포함된 주식의 수가 무한대로 증가하면 포트폴리오의 위험은 평균공분산으로 수렴한다.

평균공분산 $= 30\% \times 30\% \times 25\% = 0.0225$

$\therefore$ 포트폴리오 표준편차 $= \sqrt{0.0225} = 0.15 = 15\%$

② 포트폴리오와 개별주식 간의 평균상관계수: $\sigma_{ip} = \rho_{ip} \cdot \sigma_i \cdot \sigma_p$에서 $\rho = \frac{\sigma_P}{\sigma_i} = \frac{15\%}{30\%} = 0.5$이다.

제10장 자본자산가격결정모형

10-1 본문 254쪽 참조

10-2 본문 255~256쪽 참조

10-3 ① 같은 기대수익률을 유지하되 표준편차를 줄일 수 있는 투자전략의 표준편차

CAPM이 성립하므로, $E(r_p)=r_f+w(E(r_m)-r_f)=4\%+w\times7\%$

$$4\%+w\times7\%=15\% \quad \therefore\ w=1.57$$

따라서, 시장포트폴리오에 $15{,}000{,}000\times1.57=23{,}550{,}000$원만큼 투자하고 무위험이자율에 8,550,000원 차입하는 전략으로 15%의 수익률을 기대할 수 있다.

이때 표준편차는 $1.57\times15\%=23.55\%$이며, 이는 M주식의 표준편차보다 훨씬 작다.

② M주식과 같은 표준편차를 갖되 기대수익률을 극대화시키는 투자전략의 기대수익률

$\sigma_p=w\times\sigma_m=w\times15\%=40\%$ 따라서 $w=2.667$

따라서, 시장포트폴리오에 $15{,}000{,}000\times2.667=40{,}000{,}000$원만큼 투자하고,

무위험이자율에 $40{,}000{,}000-15{,}000{,}000=25{,}000{,}000$원만큼 차입하면 M주식과 같은 표준편차를 갖는 투자전략을 구성할 수 있다. 이때 기대수익률은,

$E(r_p)=r_f+w(E(r_m)-r_f)=4\%+2.667\times7\%=22.669\%$로 M주식보다 높다.

10-4 본문 269~270쪽 참조

10-5 ① $E(r_i)=(-30)\times0.1+0\times0.3+20\times0.4+50\times0.2=15\%$

$\sigma_i^2=(-30-15)^2\times0.1+(0-15)^2\times0.3+(20-15)^2\times0.4+(50-15)^2\times0.2=525\%^2$

$\sigma_i=\sqrt{525}\fallingdotseq23\%$

② $E(r_m)=(-15)\times0.1+5\times0.3+15\times0.4+20\times0.2=10\%$

$\sigma_m^2=(-15-10)^2\times0.1+(5-10)^2\times0.3+(15-10)^2\times0.4+(20-10)^2\times0.2=100\%^2$

$\sigma_m=\sqrt{100}=10\%$

③ $\sigma_{im}=(-30-15)(-15-10)\times0.1+(0-15)(5-10)\times0.3+(20-15)(15-10)\times0.4$
$+(50-15)(20-10)\times0.2=215\%^2$

$$\beta_i=\frac{\sigma_{im}}{\sigma_m^2}=\frac{215}{100}=2.15$$

④ 증권시장선(SML)을 구하면

$$\begin{aligned}E(r_i)&=r_f+[E(r_m)-r_f]\cdot\beta_i\\&=6+[10-6]\cdot\beta_i\\&=6+4\beta_i\end{aligned}$$

SML에서 계산되는 e-디자인 주식의 균형수익률 $= 6 + 4 \times 2.15 = 14.6\%$

⑤ SML에서 구한 균형수익률 14.6%보다 현재 시장에서 기대되는 수익률(15%)이 높으므로 e-디자인의 주가는 과소평가되어 있다.
따라서 투자자들은 e-디자인의 주식을 매입하려 할 것이고, 수요 · 공급의 법칙에 따라 이러한 수요증가는 e-디자인의 가격을 상승시킬 것이며 주가의 상승은 기대수익을 떨어뜨려 균형수익률(14.6%)로 돌아갈 것이다.
여기서 한 가지 주의해야 할 점은 여러 가지 현실적인 제약들 때문에 우리가 구한 SML이 틀릴 수도 있다는 것이다. 즉, 시장은 주가를 올바로 평가하고 있지만 CAPM이 시장을 정확히 포착하지 못해서 수익률의 차이가 발생할 수도 있다는 것이다.

10-6 ① 분산투자가 가능한 경우 투자안의 비체계적 위험은 포트폴리오를 구성함으로써 없앨 수 있다. 따라서 분산투자가 가능한 경우 궁극적으로 문제가 되는 위험은 분산투자를 통해 없앨 수 없는 체계적 위험이다. 개별투자안의 체계적 위험은 β로 측정될 수 있다. β의 크기는 시장포트폴리오와 개별투자안의 공분산에 의해 결정된다. 따라서 문제의 주장은 옳지 못하다.

② $E(r_i)_{SML} = 12 + (20 - 12) \cdot \beta_i$

③ $\beta_A = \dfrac{\sigma_{Am}}{\sigma_m^2} = \dfrac{\rho_{Am} \cdot \sigma_A \cdot \sigma_m}{\sigma_m^2} = \dfrac{\rho_{Am} \cdot \sigma_A}{\sigma_m} = \dfrac{0.75 \times 40}{20} = 1.5$

$\beta_B = \dfrac{\rho_{Bm} \cdot \sigma_B}{\sigma_m} = \dfrac{0.20 \times 60}{20} = 0.6$

$E(r_A)_{SML} = 12 + (20 - 12) \times 1.5 = 24\% > 20\%$

$\therefore$ 과대평가

$E(r_B)_{SML} = 12 + (20 - 12) \times 0.6 = 16.8\% < 30\%$

$\therefore$ 과소평가

④ $\beta_P = w_A\beta_A + w_B\beta_B = \dfrac{1}{2} \times 1.5 + \dfrac{1}{2} \times 0.6 = 1.05$

10-7 평균수익률:

$\bar{r}_A = (14 + 19 - 16 + 3 + 20)/5 = 8\%$

$\bar{r}_B = (13 + 7 - 5 + 1 + 11)/5 = 5.4\%$

$\bar{r}_M = (12 + 10 - 12 + 1 + 15)/5 = 5.2\%$

시장포트폴리오 수익률의 분산:

$\sigma_m^2 = [(12 - 5.2)^2 + (10 - 5.2)^2 + (-12 - 5.2)^2 + (1 - 5.2)^2 + (15 - 5.2)^2]/5 = 95.8\%^2$

표본의 분산과 공분산의 계산은 식 8.15에서와 같이 (표본수 − 1)의 값으로 나누어 계산하여야 하나 편의상 여기서는 표본수로 나누어 계산한다.

주식 A, B와 시장포트폴리오의 공분산:

$$\sigma_{Am} = [(14 - 8)(12 - 5.2) + (19 - 8)(10 - 5.2) + (-16 - 8)(-12 - 5.2) + (3 - 8)(1 - 5.2) + (20 - 8)(15 - 5.2)]/5 = 129\%^2$$

$\sigma_{Bm} = [(13-5.4)(12-5.2)+(7-5.4)(10-5.2)+(-5-5.4)(-12-5.2)$
$+(1-5.4)(1-5.2)+(11-5.4)(15-5.2)]/5 = 62.3\%^2$

① $\beta_A = \dfrac{\sigma_{Am}}{\sigma_m^2} = \dfrac{129}{95.8} = 1.35$

$\beta_B = \dfrac{\sigma_{Bm}}{\sigma_m^2} = \dfrac{62.3}{95.8} = 0.65$

② $E(r_i) = r_f + [E(r_m) - r_f] \cdot \beta_i = 4 + (5.2 - 4) \cdot \beta_i$

③ $E(r_A) = 4 + (5.2-4) \times 1.35 = 5.62\%$
$E(r_B) = 4 + (5.2-4) \times 0.65 = 4.78\%$

10-8 ① 결정계수(R^2)란 특정 주식의 수익률변동 중 시장모형에 의해 설명되는 변동의 비율을 말한다. 결정계수는 특정 주식의 총위험(σ_i^2) 중 체계적 위험($\beta_i \cdot \sigma_m^2$)이 차지하는 비율로 계산된다.

$$R_A^2 = \frac{\beta_A^2 \cdot \sigma_m^2}{\sigma_A^2} = \frac{0.8^2 \times 0.2^2}{\sigma_A^2} = 0.15, \quad \sigma_A^2 = 0.1707, \quad \sigma_A = 0.4131$$

$$R_B^2 = \frac{\beta_B^2 \cdot \sigma_m^2}{\sigma_B^2} = \frac{1.2^2 \times 0.2^2}{\sigma_B^2} = 0.30, \quad \sigma_B^2 = 0.1920, \quad \sigma_B = 0.4482$$

총위험(σ_i^2) = 체계적 위험($\beta_i^2 \cdot \sigma_m^2$) + 비체계적 위험($\sigma_{ei}^2$)
주식 A의 체계적 위험: $0.1707 \times 0.15 = 0.0256$(또는 $0.8^2 \times 0.2^2 = 0.0256$)
주식 A의 비체계적 위험: $0.1707 \times (1 - 0.15) = 0.1451$
주식 B의 체계적 위험: $0.1920 \times 0.30 = 0.0576$(또는 $1.2^2 \times 0.2^2 = 0.0576$)
주식 B의 비체계적 위험: $0.1920 \times (1 - 0.30) = 0.1344$

② 시장모형이 성립하고 e_A와 e_B가 서로 상관되어 있지 않은 경우에 A와 B의 공분산은 A와 B의 베타에 시장포트폴리오수익률의 분산을 곱한 값으로 계산될 수 있다.

$\text{Cov}(r_A, r_B) = \beta_A \cdot \beta_B \cdot \sigma_m^2 = 0.8 \times 1.2 \times 0.2^2 = 0.0384$

$$\rho_{AB} = \frac{0.0384}{\sqrt{0.1707}\sqrt{0.1920}} = 0.2121$$

③ $\text{Cov}(r_A, r_m)$

$\beta_A = \dfrac{\text{Cov}(r_A, r_m)}{\sigma_m} = 0.8 \qquad \therefore \text{Cov}(r_A, r_m) = 0.032$

$\text{Cov}(r_B, r_m)$

$\beta_A = \dfrac{\text{Cov}(r_B, r_m)}{\sigma_m^2} = 1.2 \qquad \therefore \text{Cov}(r_B, r_m) = 0.048$

④ $P = 0.6A + 0.4B$
$\sigma_P^2 = 0.6^2 \times 0.1707 + 0.4^2 \times 0.1920 + 2 \times 0.6 \times 0.4 \times 0.0384 = 0.1106$
$\therefore \sigma_P = 0.3325$
$\beta_P = 0.6 \times 0.8 + 0.4 \times 1.2 = 0.96$

체계적 위험: $\beta_P^2 \cdot \sigma_m^2 = 0.96^2 \times 0.2^2 = 0.0369$

비체계적 위험: $\sigma_{eP}^2 = \sigma_P^2 - \beta_P^2 \cdot \sigma_m^2 = 0.1106 - 0.0369 = 0.0737$

10-9 ① $E(r_i) = \sum p_i \cdot r_i$

$\mathrm{Var}(r_i) = \sum p_i \cdot [r_i - E(r_i)]^2$에 따라

	시장수익률	사업부 1	사업부 2	사업부 3
$E(r_i)$ σ^2	0.15 0.02395	0.25 0.0243	0.2 0.0958	0.095 0.006275

② $\mathrm{Cov}(r_i, r_j) = \sum p_i \cdot [r_i - E(r_i)] \cdot [r_j - E(r_j)]$

$\mathrm{Cov}(r_1, r_m) = 0.25 \times [(0.4 - 0.25)(0.35 - 0.15) + (0.36 - 0.25)(0.2 - 0.15)$
$+ (0.24 - 0.25)(0.13 - 0.15) + (0 - 0.25)(-0.08 - 0.15)] = 0.0233$

$\mathrm{Cov}(r_2, r_m) = 0.25 \times [(0.6 - 0.2)(0.35 - 0.15) + (0.3 - 0.2)(0.2 - 0.15)$
$+ (0.16 - 0.2)(0.13 - 0.15) + (-0.26 - 0.2)(-0.08 - 0.15)] = 0.0479$

$\mathrm{Cov}(r_3, r_m) = 0.25 \times [(0.2 - 0.095)(0.35 - 0.15) + (0.12 - 0.095)(0.2 - 0.15)$
$+ (0.08 - 0.095)(0.13 - 0.15) + (-0.02 - 0.095)(-0.08 - 0.15)] = 0.01225$

각 사업부의 β값을 구하면

$$\beta_1 = \frac{\mathrm{Cov}(r_1, r_m)}{\sigma_m^2} = \frac{0.0233}{0.02395} = 0.97, \quad \beta_2 = \frac{0.0479}{0.02395} = 2, \quad \beta_3 = \frac{0.01225}{0.02395} = 0.51$$

㈜관악은 규모가 비슷한 세 사업부로 구성된 포트폴리오라고 볼 수 있다.

따라서 ㈜관악의 β는

$$\beta_{관악} = \frac{1}{3} \times (0.97 + 2 + 0.51) = 1.16$$

③ ㈜관악의 $\beta = 1.16$은 기업 전체의 베타, 즉 자산의 베타를 의미한다. ㈜관악이 자본의 30%를 무위험부채로, 70%를 주식발행으로 조달하여 구성하고 있는 경우, ㈜관악은 두 자본의 포트폴리오로 파악할 수 있다. 부채의 β를 β_D, 주식의 β를 β_E라 하면

$$\beta_{관악} = \beta_D \times \frac{3}{10} + \beta_E \times \frac{7}{10}$$

여기서 $\beta_D = 0$, $\beta_{관악} = 1.16$이므로 $\beta_E = 1.16 \times \frac{10}{7} = 1.66$이다.

④ CAPM에 의해 평가되는 각 사업부의 요구수익률(RRR)은

$RRR_1 = 0.09 + (0.15 - 0.09) \times 0.97 = 0.1482$

$RRR_2 = 0.09 + (0.15 - 0.09) \times 2 = 0.21$

$RRR_3 = 0.09 + (0.15 - 0.09) \times 0.51 = 0.1206$

∴ 시장에서 기대되는 수익률이 CAPM에 의한 요구수익률보다 작은(과대평가된) 사업부 2와 사업부 3을 처분해야 한다. 사업부 1은 과소평가되었으므로 유지 또는 확장하여야 하는데, 만일 사업부 1을 확장하였을 때에도 위에서의 수익률과 위험수준을 유지할 수 있다면 기업

은 그 차이만큼 차익을 누릴 수 있을 것이다.

10-10 $E(r_i) = 0.05 + 0.1\beta_i$

$0.1 = 0.05 + 0.1\beta_i$

$\beta_i = 0.5$

무위험자산과 시장포트폴리오에 분산투자하여 8%의 기대수익률을 얻는 포트폴리오는 다음과 같이 구성될 수 있다.

$$0.08 = 0.05w_{rf} + 0.15w_m = 0.05(1 - w_m) + 0.15w_m = 0.1w_m + 0.05$$

$$w_m = \frac{0.03}{0.1} = 0.3(w_{rf} = 0.7)$$

즉, 시장포트폴리오에 30%, 무위험자산에 70%를 투자하는 포트폴리오를 구성하면 8%의 수익률을 기대할 수 있다.

$$0.16 = 0.1w_m + 0.05$$

$$w_m = \frac{0.11}{0.1} = 1.1(w_{rf} = -0.1)$$

이다. 이 경우는 원래의 자금에 원래 자금의 10%만큼을 무위험이자율로 차입한 금액을 더하여 시장포트폴리오에 투자해야 한다.

10-11 ㈜백두 주식의 각 요인에 대한 민감도: $\beta_I = 1.0$, $\beta_R = 0.5$, $\beta_C = 0.75$

APT: $E(r_i) = 6 + 6\beta_{iI} + 2\beta_{iR} + 4\beta_{iC}$

APT에서 추정되는 균형수익률 $= 6 + 6 \times 1.0 + 2 \times 0.5 + 4 \times 0.75 = 18.1(\%)$

㈜백두 주식에 대해 시장에서 예상되는 수익률이 15%이므로 이 주식은 APT에 근거할 때 과대평가되어 있다.

10-12 자산 A와 B로 구성되는 포트폴리오를 P_1이라 하고 자산 B와 C로 구성되는 포트폴리오를 P_2라 하면

① P_1에서 자산 A에 투자하는 비중을 w_A라 하면

$w_A \times 1 + (1 - w_A) \times 1.5 = 0, \quad w_A = 3$

∴ 자산 A에 보유금액의 300%를 투자하고 자산 B를 보유금액의 200%만큼 공매한다는 의미이다.

이 경우 $\beta_2 = 3 \times 1.0 - 2 \times 1.25 = 0.5$

$E(r_{P1}) = 3 \times 10 - 2 \times 12 = 6\%$

② $w_B \times 1.5 + (1 - w_B) \times 2 = 0, \quad w_B = 4$

∴ 자산 B에 400% 투자하고 자산 C를 300% 공매한다는 의미이다.

이 경우 $\beta_2 = 4 \times 1.25 - 3 \times 1.5 = 0.5$

$E(r_{P2}) = 4 \times 12 - 3 \times 15 = 3\%$

③ 그렇다. 위의 두 포트폴리오는 위험(β)은 같으나 포트폴리오 1이 더 높은 기대수익률을 보이고 있다. 따라서 포트폴리오 1에 매입포지션을 취하고 포트폴리오 2에 매도포지션을 취하면 차익을 얻을 수 있다. 예를 들어 투자자가 포트폴리오 2를 공매(B를 400만원어치 공매하고 C를 300만원어치 매입)하고 포트폴리오 1을 매입(A를 300만원어치 매입 B를 200만원어치 공매)하면 자신의 투자자금과 위험의 부담 없이 3만원의 차익을 얻을 수 있다.

현재의 시장상태는 균형이 아니다. 그러나 시장이 효율적이라면 이러한 차익거래의 기회는 오래 가지 못한다. 자산 B가 자산 A나 C에 비해 상대적으로 과대평가되어 있으므로 사람들은 B를 매도하고 A와 C를 매입하는 투자행위를 반복할 것이고 그 결과 B의 가격은 하락하고 A와 C의 가격은 상승하여 차익거래의 기회가 존재하지 않는 균형상태에 도달할 것이다.

제11장 위험을 고려한 자본예산과 자본비용

11-1 본문 284~285쪽 참조

11-2 본문 290~294쪽 참조

11-3 위험조정할인율 $= r_f + [E(r_m) - r_f] \cdot \beta = 5 + (15-5) \times 0.8 = 13\%$

5년간 매년의 증분영업현금흐름 = 증분세후영업이익 + 증분감가상각비

$$= 1,000(1-0.2) + \frac{(5,000-1,000)}{5} = 1,600\text{만원}$$

5년 후 기대잔존가치: 1,000만원

$$NPV = 1,600 \times PVFA(13\%, 5\text{년}) + \frac{1,000}{1.13^5} - 5,000$$

$$= 1,600 \times 3.5172 + \frac{1,000}{1.13^5} - 5,000 = 1,170\text{만원}$$

$\therefore NPV > 0$이므로 새 설비를 도입한다.

11-4 ① 식 11.10을 이용하여 관악회사의 자산베타를 계산하자.

$\beta_E = \beta_U\left(1 + \dfrac{D}{E}\right)$에서 $1.6 = \beta_U\left(1 + \dfrac{1}{1}\right)$. 따라서 $\beta_U = 0.8$

부채를 사용하지 않는 경우 주식베타는 자산베타와 같다.

② 법인세율이 20%인 경우 식 11.12를 이용할 수 있다. 식 11.12에서,

$\beta_E = \beta_U\left(1 + \dfrac{D}{E}(1-\tau_C)\right)$에서 $1.6 = \beta_U\left(1 + \dfrac{1}{1}(1-0.2)\right)$. 따라서 $\beta_U = 0.89$

11-5 ① 식 11.10에 의해 $\beta_U = \dfrac{1}{4+1}\beta_E = \dfrac{1}{5} \times 2 = 0.4$이다.

② 목표부채비율이 67%인 경우 삼영산업이 전자업종에 진출하면 주주들의 베타는 다음과 같다. 식 11.10에 의해

$$\beta_E = \beta_U + \beta_U \cdot \frac{D}{E} = 0.4 + 0.4 \times 0.67 = 0.67$$

따라서 자기자본비용은 다음과 같다.

$k_E = 0.12 + 0.03\beta_E = 0.12 + 0.03 \times 0.67 = 0.14$

투자안 평가를 위한 가중평균자본비용은 다음과 같다.

$$k_{WACC} = k_D \cdot \frac{D}{D+E} + k_E \cdot \frac{E}{D+E} = 0.12 \times \frac{2}{5} + 0.14 \times \frac{3}{5} = 0.132$$

11-6 ① 식 11.12를 이용하여 전자업의 β_U를 구하면,

$$\beta_U = \frac{\beta_E}{1+\frac{D}{E}(1-\tau_C)} = \frac{2}{1+4(1-0.4)} = 0.59$$

삼영산업이 목표부채비율 67%로 전자업에 진출한 경우 주식의 베타는 식 11.12를 이용하여 구할 수 있다.

$$\beta_E = \beta_U\left[1+\frac{D}{E}(1-\tau_C)\right] = 0.59[1+0.67(1-0.4)] = 0.83$$

② 주주의 자본비용

$$k_E = 0.12 + 0.03\beta_L$$
$$= 0.12 + 0.03 \times 0.83 = 0.145$$

가중평균자본비용

$$k_{WACC} = k_D(1-\tau_C)\frac{D}{D+E} + k_E\frac{E}{D+E}$$
$$= 0.12(1-0.4)\frac{2}{5} + 0.145\frac{3}{5} = 0.116$$

③ 투자의 순현가

$$NPV = -5 + \frac{4}{1.116} + \frac{7}{(1.116)^2} = 4.2(\text{억원})$$

11-7 본문 305쪽 참조

11-8 자기자본비용 = 5 + 5 × 1.5 = 12.5(%)

11-9 항상성장배당모형을 이용하면, 자기자본비용 = 배당수익률 + 배당의 성장률

= 400/5,000 + 0.06 = 14(%)

11-10 ① 현재 기업가치 = $D + E$ = 5천만원 + 2억 = 2억 5천만원

필요한 영업이익을 x라고 하면,

$$\frac{x - 5{,}000 \times 0.08}{0.15} = 20{,}000$$

x = 3,400만원

② 8% 이자율의 부채를 영구히 사용하는 경우, 법인세 존재 시의 기업가치:

기업가치 = 2억 5천 + 5천 × 0.25 = 2억 7천만원

자기자본가치 = 2억 2천만원

$$S = \frac{(x - 5{,}000 \times 0.08) \times (1-0.4)}{0.15} = 2\text{억 } 2\text{천만원}$$

따라서 최소한의 세전영업이익은 5,900만원이다.

③ 법인세가 존재할 때 기업이 실현한 영업이익 중에서 법인세분만큼 현금지출이 발생한다. 이때

자기자본기업에 비해 부채사용기업은 이자비용에 대한 법인세 감세효과가 발생하여 법인세에 따른 현금지출이 줄어들게 되고 기업가치가 커지게 된다.

11-11 ① 식 11.15에 따라

$$k_{WACC} = k_D(1-\tau_C)\cdot\frac{D}{V} + k_P\cdot\frac{P}{V} + k_E\cdot\frac{E}{V}$$

$$= \frac{500}{900}\times 10\%(1-0.4) + \frac{100}{900}\times 12\% + \frac{300}{900}\times 25\% = 13\%$$

② 주식의 시장가치: 600만 × 10,000 = 600억원

기업의 가치: 500억 + 100억 + 600억 = 1,200억원

$$k_{WACC} = \frac{500}{1,200}\times 10\%(1-0.4) + \frac{100}{1,200}\times 12\% + \frac{600}{1,200}\times 25\% = 16\%$$

11-12 ① $\beta = \dfrac{\text{Cov}(r_i, r_m)}{\sigma_m^2} = \dfrac{10}{15} = 0.67$

$E(r_i) = 0.06 + (0.1 - 0.06)\times 0.67 = 0.0868$

② $k_D(1-\tau_C) = 0.06\times(1-0.4) = 0.036$

③ $k_{WACC} = 0.0868\times\dfrac{12}{20} + 0.036\times\dfrac{8}{20} = 0.0665$

11-13 A사 채권의 기대수익률을 CAPM을 이용하여 평가하면 다음과 같다.

$k_D = E(r_D) = 3.5 + 5\times 0.4 = 5.5(\%)$

채무불이행확률을 p라 하면, 기대수익률은 식 11.13에 의해 다음의 관계를 만족시켜야 한다.

$k_D = 22\% - p\times 55\% = 5.5\%$, 따라서 $p = 30\%$

11-14 $\beta_E = 1.15$. 법인세율이 0, 무위험부채를 가정하고 식 11.8 또는 식 11.10을 이용하여 프로젝트의 베타를 평가하자.

E = 12,000원 × 5,000만주 = 600,000,000,000원(6,000억원)

D = 3,000억원

$$\therefore \beta_U = \frac{6,000억}{9,000억}\times 1.15 + \frac{3,000억}{9,000억}\times 0 = 0.7667$$

11-15 ① A사의 사업가치

사업가치 = 자본 + 부채 − 현금 = 10조 5,600억 + 9,800억 − 3조 7,700억 = 7조 7,700억원

② A사의 부채베타가 0일 때, A사의 사업위험을 나타내는 자산베타

순부채 = 9,800억 − 3조 7,700억 = −2조 7,900억원

$$\beta_U = \frac{10조\ 5,600억}{7조\ 7,700억}\times 1.32 + \frac{-2조\ 7,900억}{7조\ 7,700억}\times 0 = 1.79$$

11-16 ① 위험의 시장가격

$$\lambda=\frac{E(r_m)-r_f}{\sigma_m^2}=\frac{12\%-6\%}{(20\%)^2}=\frac{0.06}{0.04}=1.5$$

위험조정$=\lambda\cdot \text{Cov}(C_1,\ r_m)=1.5\times 12$억원$=18$억원

② 확실성등가를 구하면 다음과 같다.

$$CEQ=E(C_1)-\lambda\cdot\text{Cov}(C_1,\ r_m)=250\text{억원}-18\text{억원}=232\text{억원}$$

확실성등가법을 이용하여 투자의 순현가를 구하면 다음과 같다.

$$NPV=\frac{232\text{억}}{1.06}-200\text{억}=18.87\text{억원}$$

투자안의 가치는 218.87억원, NPV가 +18.97억원이므로 투자안을 채택한다.

③ 투자안의 가치(PV)가 218.87억원이다. CAPM이 성립하는 세계에서 투자안의 베타는 다음과 같이 평가할 수 있다.

$$\beta=\frac{\text{Cov}(r_1,r_m)}{\sigma_m^2}=\frac{1}{PV}\frac{\text{Cov}(C_1,r_m)}{\sigma_m^2}=\frac{1}{218.87}\times\frac{12}{(0.2)^2}=1.37$$

CAPM을 이용하여 위험조정할인율(k)을 구하면 다음과 같이 14.2%이다.

$$k=0.06+(0.12-0.06)1.37=0.142$$

위험조정할인율법을 이용하여 투자안의 순현가를 구하면 다음과 같다.

$$NPV=\frac{250\text{억}}{1.12}-200\text{억}=18.87\text{억원}$$

또는 식 11.16에서 다음의 관계가 성립하므로 이를 이용하여 위험조정할인율을 간단하게 구할 수 있다.

$$PV=\frac{E(C_1)}{1+k}=\frac{CEQ}{1+r_f}=218.87\text{억원}$$

따라서 위험조정할인율 k는 다음에서 14.2%로 구해진다.

$$218.87=\frac{250}{1+k}$$

제12장 효율적 자본시장과 행동재무학

12-1 본문 320~321쪽 참조

12-2 본문 325~327쪽 참조

12-3 효율적이지 않다. 따라서 기존 시장포트폴리오를 이용해서 구한 베타가 1보다 큰 주식들의 경우 알파(α)의 값이 양(+)의 값을 갖게 되므로 매수포지션을 취해야 한다. 반대로 베타가 1보다 작은 주식들의 경우 알파가 음(−)의 값을 갖게 되므로 매도포지션을 취해야 한다.

12-4 시장포트폴리오를 보유함으로써 정보를 가진 투자자들보다 낮지 않은 성과를 얻을 수 있다. 시장포트폴리오에 투자함으로써 정보를 덜 가진 투자자들도 평균적인 투자수익을 낼 수 있기 때문이다. 만약 몇몇의 정보를 가진 투자자들이 평균보다 높은 수익을 낸다면, 몇몇 투자자들은 평균보다 더 낮은 수익을 내야만 한다. 따라서 시장포트폴리오를 보유함으로써 낮은 수익률을 얻는 사람들보다는 높은 수익률을 얻을 수 있다.

12-5 본문 333쪽 참조

12-6 본문 329~332쪽 참조

12-7 본문 333~337쪽 참조

12-8 본문 328~329쪽 참조

12-9 본문 341쪽 참조

12-10 본문 338~339쪽 참조

12-11 본문 341~342쪽 참조

12-12 본문 344~345쪽 참조

12-13 본문 344쪽 참조

12-14 본문 340쪽 참조

12-15 ① 이 경우 동희와 정보를 가진 투자자들 모두 25,000원보다 낮은 가격에 매수 주문을 낼 것이다. 따라서 시장 청산 가격은 25,000원이고 동희의 수익은 0일 것이다.

② 이 경우 정보를 가진 투자자들은 20,000원 이상의 가격으로 매도 주문을 낼 것이고, 동희는 25,000원 이하의 가격으로 매수 주문을 낼 것이다. 따라서 20,000원과 25,000원 사이의 가격에서 주식은 거래될 것이며, 동희의 수익은 음수가 될 것이다.

③ 위 ①과 ②에 의하면 기대수익률은 음(−)이다.

12-16 ① 균형에서는 투자자들이 0의 알파값을 얻게 될 것이다.

② 재민이가 운용할 수 있는 자산의 상한이 6,000억원인데 알파가 2%이고 운용사에 지급하는 수수료가 1%이면 수수료를 고려한 후의 수익률은 1%이다. 만약 보유금액을 6,000억원에서 1조 2,000억원으로 증가시키면 6,000억원까지는 2%의 수익률이 적용되지만 이후에는 0%의 수익률을 가지므로 평균적으로 1%의 수익률(알파)을 갖게 된다. 따라서 이때 알파 − 수수료 = 0이 되어 균형이 이루어진다. 따라서 자산 총액은 1조 2,000억원이다.

③ B자산운용이 얻는 수수료는 자산의 1%이므로 120억원이다.

12-17 주식 A의 정상수익률 $= 0.01 + 0.02 \times 1.5$
$= 0.04(4\%)$

주식 B의 정상수익률 $= 0.01 + 0.02 \times 0.8$
$= 0.026(2.6\%)$

(단위: %)

		−2	−1	공표시점	1	2	3	4
① AR_t	주식 A	0.1	−1	−2.5	0.2	0	1	0.1
	주식 B	−0.2	−1.6	−1.8	0.4	0.4	−0.1	0.2
평균비정상수익률$_t$		−0.05	−1.3	−2.15	0.3	0.2	0.45	0.15
CAR_t		−0.05	−1.35	−3.45	−3.15	−2.95	−2.5	−2.35

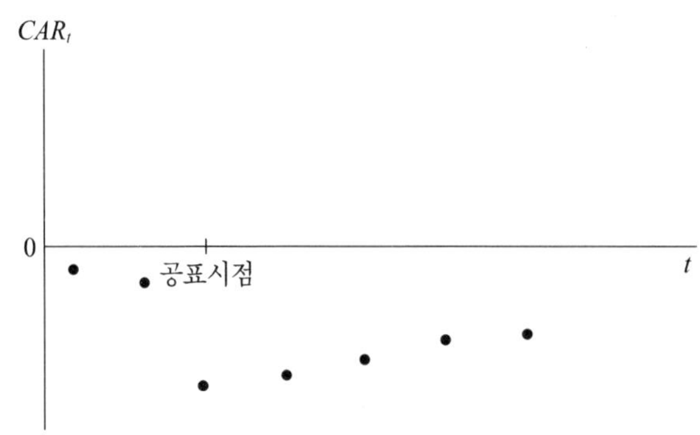

② AR_t를 구하는 데 있어서 정상수익률은 매기 같은 값이 적용되었다($N(r_1) = 0.04$, $N(r_2) = 0.026$). 이는 정상수익률의 추정식이 매기 같음을 나타내며, 아울러 주식 A, B의 β값들이 매기 같을 경우에 한해서만 타당성이 있다. 결국 2단계 회귀분석에서 기대수익률의 추정치(대용치)로 사용한 평균수익률이 매기에 걸쳐 기대수익률과 같으며 β_i도 시간에 걸쳐 안정성이 있다는 엄격한 가정이 필요하다.

③ 누적비정상수익률(CAR_t)

(단위: %)

		−2	−1	공표시점	1	2	3	4
주식 A	AR_t	0.1	−1.0	−2.5	0.2	0.0	0.0	0.1
	CAR_t	0.1	−0.9	−3.4	−3.2	−3.2	−3.2	−3.1
주식 B	AR_t	−0.2	−1.6	−1.8	0.4	0.4	−0.1	0.2
	CAR_t	−0.2	−1.8	−3.6	−3.2	−2.8	−2.9	−2.7

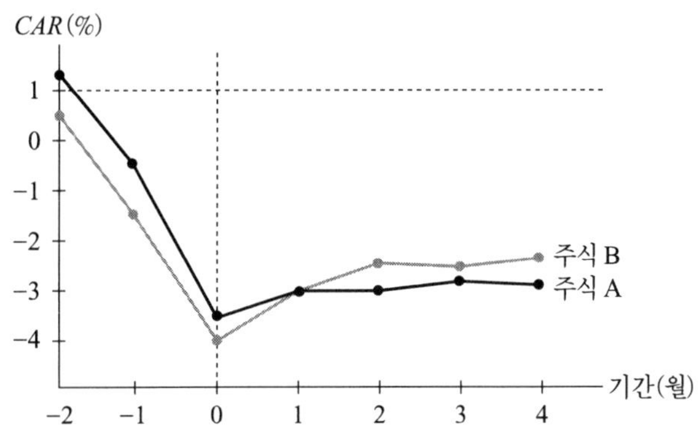

④ 채무불이행의 공시가 주가에 미치는 영향

CAR의 분석에서 보는 것처럼 채무불이행의 공시 2개월 전부터 해당 기업의 주식가격은 하락하기 시작한다. 이는 기업의 채무불이행 공시 이전에 관련 내용이 주가에 반영됨을 의미한다.

그러나 공시 이후에는 CAR은 안정적인 상태를 유지하고 있어 공시시점에서는 이미 모든 관련 정보가 주가에 반영되어 있음을 나타낸다. 이러한 분석에 근거해 볼 때 준강형 효율적 시장가설이 성립함을 알 수 있다.

12-15 본문 341～342쪽 참조.

제13장 자본구조정책(Ⅰ)

13-1 본문 358쪽 및 369쪽 참조

13-2 MM의 기본모형은 세금이 없는 완전시장하에서 성립한다. 법인세나 개인소득세가 존재하는 현실에서는 MM의 기본명제가 수정되어야 하며, 또 세금 외에 시장불완전 요인이 존재할 경우 수정된 MM이론은 다시 수정되어야 한다. 세금 외의 시장불완전 요인이 MM이론에 미치는 영향에 관해서는 제14장 참조.

13-3 이 문장은 틀린 말이다. 모든 부채의 비용이 무위험이자율 수준이라고 할지라도 자기자본비용을 증가시킨다. 무위험부채의 경우 위험을 분담하지 않기 때문에 오히려 자기자본비용을 더 높이는 효과를 가져온다.

13-4 ① $\text{기대현금흐름} = \dfrac{\text{1억 2,000만} + \text{1억 8,000만}}{2} = \text{1억 5,000만원}$

$$NPV = \frac{\text{1억 5,000만}}{1.22} - \text{9,000만원} = \text{32,950,820원}$$

② $\text{자본의 시장가치} = PV(\text{1.5억}) = \dfrac{\text{1억 5,000만}}{1.22} = \text{122,950,820원}$

③ 현금흐름은 현재 시점에 차입으로 인해 9,000만원이 유입되지만 1년 후 원금 9,000만원에 이자 900만원까지 더한 금액을 상환해야 하므로 그때의 현금흐름은 2,100만원 또는 8,100만원이다. MM이론에 의한 자기자본의 초기가치는 부채를 사용하지 않을 때의 기업가치에서 부채의 가치를 뺀 값이다. 즉 122,950,820 − 9,000만 = 32,950,820이다.

13-5

각 기업의 자기자본순이익률

구분	A기업			B기업		
	호황	보통	불황	호황	보통	불황
영업이익률(%)	30	20	10	30	20	10
영업이익(억원)	30	20	10	30	20	10
이자비용(억원)	0	0	0	7.5	7.5	7.5
순이익(억원)	30	20	10	22.5	12.5	2.5
자기자본순이익률(%)	30	20	10	45	25	5

자기자본순이익률의 평균(기댓값):

$$E(r_A) = \left(\frac{1}{4}\right)(30) + \left(\frac{1}{2}\right)(20) + \left(\frac{1}{4}\right)(10) = 20\%$$

$$E(r_B) = \left(\frac{1}{4}\right)(45) + \left(\frac{1}{2}\right)(25) + \left(\frac{1}{4}\right)(5) = 25\%$$

자기자본순이익률의 분산:

$$\sigma_A = \left(\frac{1}{4}\right)(30-20)^2 + \left(\frac{1}{2}\right)(20-20)^2 + \left(\frac{1}{4}\right)(10-20)^2 = 50\%^2$$

$$\sigma_B = \left(\frac{1}{4}\right)(45-25)^2 + \left(\frac{1}{2}\right)(25-25)^2 + \left(\frac{1}{4}\right)(5-25)^2 = 200\%^2$$

위에서 보는 것과 같이 부채를 사용하는 경우 자기자본순이익률의 평균은 증가하나 동시에 분산 즉 위험도 증가한다. 즉, 부채를 사용하는 경우 주주가 얻는 평균수익과 부담하는 위험은 같이 증가하여 주주의 부가 부채를 사용한다고 하여 일방적으로 증가하지는 않는다. 따라서 주주는 자신의 위험과 수익에 대한 선호에 따라 부채의 사용여부를 결정하여야 한다.

13-6 ① $\frac{1.2억}{k_E} = 10만주 \times 6,000 = 6억$. 따라서 $k_E = k_{WACC} = 20\%$

② 부채로 인한 자금유입 3억원으로 50,000주(= 3억/6,000원)를 매입할 수 있다. 따라서 잔여주식수는 50,000주로 줄어든다. MM명제 I에 의해 기업가치는 여전히 6억원이며, 부채가치 3억원, 자기자본가치 3억원이다. 자기자본비용과 가중평균자본비용은 다음과 같이 구해진다.

$\frac{1.2억 - 3억 \times 0.1}{k_E} = 3억$. 따라서 $k_E = 30\%$. $k_{WACC} = \frac{3억}{6억}(10) + \frac{3억}{6억}(30) = 20\%$

③ ㈜진선과 모든 것이 동일하지만 부채를 사용하지 않는 기업을 기업 U라고 하자. ㈜진선의 기업가치 7억원은 과대평가된 것이므로 다음과 같은 차익거래가 가능하다.

각 기업의 자기자본순이익률

거래	현금흐름	
	시점 0	시점 1 이후
㈜진선 주식 10% 공매도	+0.4억[= (7억 − 3억) × 0.1]	−(1.2억 − 0.3억) × 0.1 = −900만
U주식 10% 매입 + 3,000만원 차입	−0.3억(= −6억 × 0.1 + 0.3억)	1.2억 × 0.1 −0.3억 × 0.1 = +900만
합 계	+0.1억	0

13-7 ① $\frac{50억 \times (1-0.4)}{k_E} = 200억$. 따라서 $k_E = 15\%$. $k_{WACC} = 15\%$.

② 수정된 MM명제 Ⅱ에 의해 $V_L = V_U + \tau_C \times D = 200억 + (0.4)(100억) = 240억$

부채의 가치(D) = 100억. 자기자본가치(E) = 140억

이 경우 자기자본비용은 다음 식에서 결정된다.

$\frac{(50억 - 100억 \times 0.1)(1-0.4)}{k_E} = 140억$. 따라서 $k_E = 17.14\%$

식 13.15에 의해 $k_{WACC} = \frac{100}{240}(10)(1-0.4) + \frac{140}{240}(17.14) = 12.50\%$

③ 부채를 사용하면 자기자본의 위험이 증가하기 때문에 주주들은 더 높은 수익률을 요구한다. 법인세가 없는 경우 가중평균자본비용은 자산의 자본비용과 같게 되는 문제 13-6의 결과와는 달리, 법인세가 있는 경우 가중평균자본비용은 자산의 자본비용과 같지 않다. 부채비용이 낮

아지기 때문에 부채를 사용하지 않을 때보다 낮아지는데 부채비율이 높을수록 또 법인세율과 이자율이 높을수록 그 감소폭이 크다.

13-8 ①

	A		B	
잉여현금흐름	이자지급액	배당금	이자지급액	배당금
450만원	0	450만원	240만원	210만원
600만원	0	600만원	240만원	360만원

② A기업 주식 10%로부터 발생하는 현금흐름은 45만원 또는 60만원이다. 만약 B기업의 부채를 10%만큼 매입하고 주식을 10% 매입하면 이때의 현금흐름은 24만원 + 21만원 = 45만원 또는 24만원 + 36만원 = 60만원으로 동일한 현금흐름을 가져온다.

③ B기업 주식 10%로부터 발생하는 현금흐름은 45만원 또는 60만원이다. 만약 A기업의 주식을 10%만큼 매입하고 240만원만큼 차입하면 이때 현금흐름은 45만원 − 24만원 = 21만원 또는 60만원 − 24만원 = 36만원으로 B기업과 같다.

13-9 ① $V(\text{기업가치})_{\text{가나}} = 500\text{만} \times 2\text{만} = 1{,}000\text{억} = V_{\text{다라}} = \text{부채} + \text{자본}$

따라서, 자본 = 1,000억 − 300억 = 700억원 $\therefore P = \dfrac{700\text{억원}}{1{,}000\text{만주}} = 7{,}000\text{원}$

② MM의 제 I 명제로부터 구한 ㈜다라 주가의 내재가치는 7,000원이었으므로 현재 주가는 고평가되어 있다. 따라서 ㈜다라 주식을 20주를 공매도하고 ㈜가나 주식 10주를 매수하고 6만원을 차입하는 전략을 실행하면 현 시점에서의 현금흐름은 10,000 × 20 − 20,000 × 10 + 60,000 = 60,000이다. 이는 ㈜다라의 부채비율$\left(\dfrac{\text{부채}}{\text{자본}}\right)$이 0.3이므로 ㈜가나의 주식을 20만원만큼 매입하고 6만원을 차입하면 ㈜다라의 자본구조와 동일해진다. 따라서 고평가된 ㈜다라 주식은 공매도하고 ㈜가나 주식과 차입으로 차익거래를 할 수 있다. 이러한 차익거래가 성립하기 위해서는 ㈜다라의 기존차입이자율과 차익거래를 위해 새로 빌린 6만원에 대한 이자율이 같아야 한다.

13-10 ① 2000 × 0.1 = 200만원

② 완전자본시장에서 기업 U와 L의 가치는 같게 평가된다. 따라서 다음의 관계가 성립한다.

$V_U = V_L = D + E.$ 따라서 $E_U = E_L + 1{,}000$만이다.

U기업의 지분 10%를 보유하는 경우의 가치는 L기업의 지분 10%와 L기업의 채권 10%를 보유하는 경우의 가치와 같다. 이 경우 얻을 수 있는 이익은 다음과 같다.

L기업 지분 10% 보유 시의 배당:	(2,000만 − 1,000만 × 0.1) × 0.1
L기업 채권 10% 보유 시의 이자수익:	1,000만 × 0.1 × 0.1
합 계	200만원

③ 이익 = (2,000만 − 1,000만 × 0.1) × 0.1 = 190만원

④ $E_U = E_L + 1,000$만이므로 $E_L = E_U - 1,000$만이다. 따라서 L기업의 지분 10%를 보유하는 경우의 가치는 U기업의 지분 10%를 보유하고 1,000만원의 10%를 차입하는 경우의 가치와 같다. 따라서 을은 100만원을 차입해서 을의 원금과 합하여 U기업의 주식 10%를 매입한다. 이 경우 을이 얻을 수 있는 이익은 다음과 같다.

U기업으로부터의 배당:	2,000만×0.1 = 200만
이자비용:	100만×0.1 = (10만)
합 계	190만원

13-11 ① ㈜백두: $E = \dfrac{2,000\text{만} - 4,000\text{만} \times 0.1}{0.2} = 8,000\text{만}$. $D = 4,000$만. $V = D + E = 1.2$억원

㈜한라: $E = \dfrac{2,000\text{만} - 8,000\text{만} \times 0.1}{0.25} = 4,800\text{만}$. $D = 8,000$만. $V = D + E = 1.28$억원

② 96,000원은 ㈜한라 주식 지분 0.2%(= 9.6만/4,800만)에 해당한다. 이 주식을 보유할 경우 수익은 2.4만원[= (2,000만 − 8,000만×0.1)×0.002]이다. 그러나 ㈜한라 지분을 처분하여 9.6만원을 얻고 여기에 6.4만원을 차입하여 16만원을 확보하면 ㈜백두 주식 0.2%의 지분을 얻을 수 있다. 이때의 주식으로부터의 수익은 3.2만원[= (2,000만 − 4,000만×0.1)×0.002]이고 여기서 차입이자 0.64만원(= 6.4만×0.1)을 지불하면 2.56만원을 얻게 된다. 따라서 홈메이드 레버리지를 통해 0.16만원(1,600원)의 이익을 얻을 수 있다.

③ ㈜설악의 기업가치를 이용하면 $\dfrac{2,000\text{만}}{k_U} = 1.25$. 따라서 무부채기업의 자본비용은 $k_U = 16\%$이다. 본문의 식 13.14에 의해 자기자본비용을 구하면 다음과 같다.

$$\text{㈜백두: } k_E = k_U + (k_U - k_D)\frac{D}{E}(1 - \tau_C) = 16 + (16 - 10)\left(\frac{4,000\text{만}}{8,000\text{만}}\right)(1 - 0) = 19\%$$

$$\text{㈜한라: } k_E = 16 + (16 - 10)\left(\frac{8,000\text{만}}{4,800\text{만}}\right)(1 - 0) = 26\%$$

13-12 ㈜놀부의 타인자본은 1,000만원임. ㈜흥부의 자기자본가치는 $E_U = \dfrac{500\text{만} \times (1 - 0.4)}{0.12} = 2,500$만원이다. 기업가치($V_U$)도 2,500만원이다.

㈜놀부의 기업가치는 본문의 식 13.14에 의해 다음과 같다.

$$V_L = V_U + \left\{1 - \frac{(1 - \tau_{\text{법인세}})(1 - \tau_{\text{배당소득세}})}{(1 - \tau_{\text{이자소득세}})}\right\} \times D = 2,500\text{만} + \left\{1 - \frac{(1 - 0.4)(1 - 0.1)}{(1 - 0.15)}\right\} \times 1,000\text{만} = 2,865\text{만원}$$

여기서 부채의 가치 1,000만원을 빼면 자기자본의 가치는 1,865만원이다.

13-13 ① 현재 주가를 이용하여 기업가치를 구하면, 15,000원×1만주 = 1.5억원이다.

자본비용은 다음의 식에 의해 구해진다: $\dfrac{3\text{천만} \times (1 - 0.3)}{k_E} = 1.5$억. 따라서 $k_E = 14\%$

② 기업가치: $V_L = V_U + \tau_C \times D = 1.5\text{억} + 0.3 \times 1\text{억} = 1.8\text{억원}$

자기자본비용은 MM의 제Ⅱ명제에 의해 평가할 수 있다. 부채 1억원을 사용하는 경우 부채가

치는 1억원, 자기자본가치는 8천만원이므로,

$$k_E = k_U + (k_U - k_D)\frac{D}{E}(1-\tau_C) = 14 + (14-10)\left(\frac{1억}{0.8억}\right)(1-0.3) = 17.5\%$$

부채비용은 10%×(1 − 0.3) = 7%이다. 따라서 가중평균자본비용은 다음과 같다.

$$k_{WACC} = \frac{1억}{1.8억}(7) + \frac{0.8억}{1.8억}(17.5) = 11.67\%$$

③ 본문의 식 13.18과 13.19에 의하면 개인소득세를 고려하는 경우 기업가치는 다음과 같다.

$$V_L = V_U + \left\{1 - \frac{(1-\tau_{법인세})(1-\tau_{배당소득세})}{(1-\tau_{이자소득세})}\right\}\times D = 1.5억 + \left\{1 - \frac{(1-0.3)(1-0)}{(1-0.2)}\right\}\times 1억$$

$$= 1.625억원$$

이때 주식수는 10,000주 − (1억/1.5만) = 3,333주이므로 적정주가는 $\frac{1.625억 - 1억}{3,333} = 1.875$ 만원이다.

자기자본비용과 부채비용, 그리고 가중평균자본비용은 다음과 같다.

$$k_E = \frac{(3,000만 - 1,000만)(1-0.3)}{6,250만} = 22.4\%$$

세후부채비용 = 10 × (1 − 0.3) = 7%

$$k_{WACC} = \frac{1억}{1.625억}(7) + \frac{0.625억}{1.625억}(22.4) = 12.92\%$$

부채사용으로 기업가치가 증가하기 위한 조건은 $\left\{1 - \frac{1-\tau_{법인세}}{1-\tau_{이자소득세}}\right\} > 0$이다. 따라서 $\tau_{법인세} > \tau_{이자소득세}$여야 한다.

13-14 ① 사업가치(enterprise value) = 34조 − 6.35조 = 27.65조원

② 무부채이므로 $\beta_U = \frac{자본}{자본 + 부채}\cdot\beta_E = \frac{34조}{27.65조}\times 1.5 = 1.845$

③ $k_{WACC} = k_E = r_f + \{E(r_m) - r_f\}\beta = 4.5 + 5\times 1.5 = 12\%$

13-15 ① $\beta_E = \beta_U\left(1 + \frac{D}{E}\right) = 1.3\left(1 + \frac{35}{65}\right) = 2$

② $k_E = k_U + \frac{D}{E}(k_U - k_D) = 11.4 + \frac{35}{65}(11.4 - 5) = 14.85\%$

③ $P = 12\times 2,000 = 24,000$원인데, 주식의 35%를 차입하므로 이자는 주당 24,000×35%×5% = 420원이다. 따라서 0.65주에 대한 순이익은 2,000 − 420 = 1,580원이고 주당순이익은 1,580/0.65 = 2,431원이다. 주당순이익은 증가했으나 주가는 그대로이며 위험이 증가하였기 때문에 주주들에게 이익이 아니다.

④ $PER = \frac{24,000}{2,431} = 9.87$로 낮아졌다. 이는 주식의 위험이 더 커졌기 때문이다.

13-16 ① 자산 = 자본 = 25,000,000주 × 8,500원 = 2,125억원

② 자산 = 2,125억 + 700억(현금) + 0.35 × 700억 = 3,070억원

③ 자본 = 자산 − 부채 = 3,070억 − 700억 = 2,370억원, 주가 = $\frac{2,370\text{억원}}{2,500\text{만주}}$ = 9,480원

따라서 $\frac{700\text{억}}{9,480}$ = 7,383,966.25이므로 7,383,966주를 매입할 수 있다.

④ 자산 = 2,125억 + 0.35 × 700억 = 2,370억원, 부채 = 700억원, 자본 = 1,670억원

주가 = $\frac{1,670\text{억}}{25,000,000 - 7,383,966}$ = 9,480원

13-17 ① 6,000억원/0.07 = 8조 5,714억 2,857만원

② 세금을 6,000억원으로 줄여야 하므로 ㈜유신은 이자를 $\frac{6,000\text{억}}{0.35}$ = 1조 7,142억 8,571만원만큼 늘려야한다. 따라서 부채는 총 $\frac{1\text{조 }7,142\text{억 }8,571\text{만}}{0.07}$ = 24조 4,897억 9,592만원이어야 한다. 이 경우 감세효과는 $1 - \frac{(1-\tau_{\text{법인세}})(1-\tau_{\text{배당소득세}})}{(1-\tau_{\text{이자소득세}})} = 1 - 0.6 \times 0.85 \div 0.7 = 0.2714$이고, 따라서 부채의 증가로 인해 창출되는 가치는 24조 4,897억 9,592만원 × 27.14% = 6조 6,465억 3,061만원이다.

13-18 ① 무위험채권에 대해서 투자자가 받는 세후이자는 5% × (1 − 0.4) = 3%이다. 투자자는 무위험우선주에 대해서도 같은 수익을 요구할 것이므로, 이에 대한 조달비용은 $\frac{3\%}{1-0.15}$ = 3.53%이다.

② 세후부채비용은 5% × (1 − 0.4) = 3%이며 이는 우선주의 조달비용인 3.53%보다 더 저렴하다.

③ $\hat{\tau} = 1 - \frac{(1-0.4)(1-0.15)}{(1-0.4)} = 15\%$. 따라서 3.53% × (1 − 0.15) = 3%

13-19 ① $\hat{\tau} = 1 - \frac{(1-\tau_{\text{법인세}})(1-\tau_{\text{배당소득세}})}{(1-\tau_{\text{이자소득세}})} = 1 - \frac{(1-0.35)(1-0.15)}{(1-0.4)} = 0.0792$ 또는 7.92%

② 만약 이자비용이 100억원을 초과하게 되면 순이익은 음수가 되므로 법인세율이 0이 된다.

따라서 $\hat{\tau} = 1 - \frac{(1-\tau_{\text{법인세}})(1-\tau_{\text{배당소득세}})}{(1-\tau_{\text{이자소득세}})} = 1 - \frac{(1-0)(1-0.15)}{(1-0.4)} = -0.4167$ 또는 −41.67%

③ 이자비용이 50억원과 75억원 사이의 값을 가진다면 순이익이 양수가 될 확률은 2/3이다. 이때, 법인세 절감효과는 2/3 × 35% = 23.33%이다. 따라서

$$\hat{\tau} = 1 - \frac{(1-\tau_{\text{법인세}})(1-\tau_{\text{배당소득세}})}{(1-\tau_{\text{이자소득세}})} = 1 - \frac{(1-0.2333)(1-0.15)}{(1-0.4)} = -8.62\%$$

④ 이자비용이 50억원을 초과하면 부채의 감세효과가 음(−)이 되기 때문에 이자비용이 50억원일 때 세금혜택이 가장 크다. 이때 세금혜택은 50억 × 0.0792 = 3.96억원이다.

제14장 자본구조정책(Ⅱ)

14-1 본문 388~389쪽 참조

14-2 ① 건물은 다른 사람들에게도 비슷한 가치를 주기 때문에 시장가치와 가까운 값으로 청산이 가능하다.

② 원재료는 다른 형태로 전환하기 용이하기 때문이다.

③ 특허권의 경우 그에 상응하는 가격을 지불하고 팔기 용이하다.

14-3 ① 채권자와 [주주+경영자] 사이에서 발생하는 대리문제와 ② 주주와 경영자 사이에서 발생하는 대리문제라고 할 수 있다. ①의 문제는 대리인인 [주주+경영자]가 본인인 채권자의 이익 대신 자신의 이익을 우선적으로 고려하는 현상을 말하며, ②의 문제는 대리인인 경영자가 본인인 주주의 이익을 위해 최선을 다하지 않는 현상을 말한다.

14-4 본문 392~401쪽 참조

14-5 본문 393~395쪽 참조

14-6 본문 398쪽 참조

14-7 본문 395~396쪽 참조

14-8 본문 400~401쪽 참조

14-9 본문 405~406쪽 참조

14-10 본문 391, 402쪽 및 408~409쪽 참조

14-11 ① 회계법인은 적정 부채수준이 낮은 편이다. 왜냐하면 재무적 곤경비용이 높기 때문이다.

② 고무회사의 적정 부채수준은 높은 편이다. 왜냐하면 현금흐름이 비교적 안정적이며, 성장률이 낮고 재무적 곤경비용도 낮기 때문이다.

③ 스마트폰 제조업체의 적정 부채수준은 낮은 편이다. 왜냐하면 성장의 기회가 많으며 재무적 곤경비용이 높기 때문이다.

④ 유명 체인 음식점의 적정 부채수준은 높은 편이다. 왜냐하면 현금흐름이 안정적이고 성장률이 낮으며 재무적 곤경비용도 낮기 때문이다.

⑤ 담배 회사의 적정 부채수준은 높은 편이다. 왜냐하면 현금흐름이 양호한 편이며 성장률이 낮기 때문이다.

14-12 ① Y군이 B기업을 그만둘 경우 두 번째 해에 그가 직장을 옮김으로써 벌 수 있는 금액은 8,000만$\times\frac{3}{4}=$ 6,000만원이다. 따라서 B기업은 6,000만원을 지급할 것이다.

② A: $8{,}000\text{만}+\frac{8{,}000\text{만}}{1.05}=1\text{억 } 5{,}619\text{만원}$

B: $9{,}000\text{만}+\frac{1}{2}\frac{(9{,}000\text{만}+6{,}000\text{만})}{1.05}=1\text{억 } 6{,}143\text{만원}$

따라서 B기업 제안의 현재가치가 더 크다.

③ 기업의 파산위험이 높을 경우 직원들의 기대임금은 낮아지게 된다. 이로 인해 직원들이 그만두는 것을 방지하기 위해서는 비교적 높은 임금을 지급해야 한다.

14-13 ① 법인세가 없는 완전자본시장에서는 주가가 움직이지 않을 것이다. 왜냐하면 유리해운의 결정이 아무런 가치를 창출해 내지 못하기 때문이다(MM명제 I 참조).

② $P=5{,}000+0.3\times\frac{30\text{억원}}{1{,}200\text{만주}}=5{,}075\text{원}$

③ $(5{,}075-5{,}030)\times1{,}200\text{만주}=5\text{억 } 4{,}000\text{만원}$

14-14 ①

(단위: 억원)

	부채수준						
	0	30	40	50	60	70	80
PV(이자비용 감세효과, 단위: 억원)	0.00	0.75	0.96	1.12	1.35	1.54	1.77
파산가능성	0%	0%	1.5%	2%	8%	15%	32%
재무적 곤경비용	2	2	2	2	2	2	2
PV(재무적 곤경비용)	0	0	0.03	0.01	0.16	0.3	0.64
이익	0	0.75	0.93	1.11	1.19	1.24	1.13
최적부채수준	70억원						

② 위와 같은 방법을 적용하면 최적부채수준은 50억원이다.

③ 위와 같은 방법에 의해 최적부채수준은 30억원이다.

14-15 ① 1년 후 투자안 A와 B가 주주와 채권자에게 가져다줄 현금흐름은 다음과 같다.

(단위: 만원)

상태	확률	채권자		주주	
		A	B	A	B
1	0.5	3,300	2,000	2,700	0
2	0.5	3,300	3,300	4,700	8,700

채권자 관점에서 투자안 A, B의 기대현금흐름은 각각 3,300만원과 2,650만원이다. 따라서 채권자는 투자안 A를 선호한다. 주주 관점에서 투자안 A, B의 기대현금흐름은 각각 3,700만원과 4,350만원이다. 따라서 주주는 투자안 B를 선호한다. 이러한 현상은 주주가 채권자의 부를 이용하여 위험이 큰 사업에 투자하려는 유인 때문에 발생하는데 이와 같이 주주가 위험이 낮은 자산을 위험이 높은 자산으로 대체하려는 유인을 자산대체(asset substitution)의 문제라고 한다.

② 부채의 만기를 조정하고 채권계약서의 제약조항을 통해 회사의 경영활동에 제약을 가할 수 있다(본문 398쪽 참조).

14-16 ① $\frac{500억 + 1{,}000억 + 1{,}500억}{3} = 1{,}000억원$

한편, 경영진들은 건물을 수리하는 것이 파산의 확률을 높이지만 않는다면 이를 추진한다고 한다. 또한 그들은 주주의 부를 극대화하는 방향으로 회사가 직면하는 위험을 결정하고자 한다.

② (a) 440억원

자산가치가 500억원이 된다 하더라도, 수리를 하게 되면 500억 − 50억 = 450억원 > 440억원이기 때문에 파산이 일어날 확률은 0이다. 즉, 수리하지 않는 경우도 파산확률이 0이므로 수리를 하더라도 파산확률이 높아지지 않는다. 따라서, 무조건 건물을 수리할 것이다.

또한 건물을 수리하고 부채를 갚고 나면 각 경우에 주주들은 10억원, 510억원, 1,010억원을 받게 된다. 이때 기댓값은 $\frac{10억 + 510억 + 1{,}010억}{3} = 510억원$이 되지만, 위험을 증가시키게 되면 10억×0.45 + 510억×0.15 + 1,010억×0.4 = 485억원 < 510억원이다. 결국 주주의 부가 늘어나지 않기 때문에 위험을 증가시키지 않는다.

따라서 자산의 기대가치는 1,000억원 − 50억원 = 950억원

(b) 490억원

자산가치가 500억원이 된다면, 수리를 했을 때 500억 − 50억 = 450억원 < 490억원이기 때문에 파산이 일어날 확률이 1/3이 되고, 이는 수리하지 않는 경우(파산확률 = 0)에 비해 파산확률이 높아진다. 따라서 수리를 하지 않을 것이다.

또한 부채를 갚고 나면 각 경우에 주주들은 10억원, 510억원, 1,010억원을 받게 된다. 이때 기댓값은 $\frac{10억 + 510억 + 1{,}010억}{3} = 510억원$이 되지만, 위험을 증가시키게 되면 10억×0.45 + 510억×0.15 + 1,010억×0.4 = 485억원 < 510억원이기 때문에 위험을 증가시키지 않는다. 따라서 자산의 기대가치는 1,000억원이다.

(c) 900억원

자산가치가 500억원이 되면, 수리 여부에 상관없이 항상 파산하게 된다. 자산가치가 1,000억원이 되는 경우를 생각해 보자. 수리를 하게 되면 1,000억 − 50억 = 950억원 > 900억원이기 때문에 수리를 해도 파산확률이 더 높아지지 않는다. 따라서, 무조건 건물을 수리할 것이다. 또한 부채를 갚고 나면 각 경우에 주주들은 0억원, 50억원, 550억원을 받게 된다. 이때 기댓값은 $\frac{0억 + 50억 + 550억}{3}$ = 200억원이 되지만, 위험을 증가시키게 되면 0억×0.45 + 50억×0.15 + 550억×0.4 = 227억 5,000만원 > 200억원이다. 주주의 부가 늘어나기 때문에 위험을 증가시킬 것이다. 따라서 자산의 기대가치는 500억×0.45 + 1,000억×0.15 + 1,500억×0.4 − 50억 = 925억원이다.

(d) 990억원

자산가치가 500억원이 되면, 수리 여부에 관계없이 항상 파산하게 된다. 자산가치가 1,000억원이 되는 경우를 생각해 보자. 수리를 하게 되면 1,000억 − 50억 = 950억원 < 990억원이기 때문에 파산확률이 더 높아진다. 따라서, 수리를 하지 않을 것이다.

또한 부채를 갚고 나면 각 경우에 대해 주주들은 0억원, 10억원, 510억원을 받게 된다. 이때 기댓값은 $\frac{0억 + 10억 + 550억}{3}$ = 173억 3,333만원이 되지만, 위험을 증가시키게 되면 0억×0.45 + 10억×0.15 + 510억×0.4 = 205억 5,000만원 > 173억 3,333만원이다. 주주의 부가 늘어나기 때문에 위험을 증가시킬 것이다. 따라서 자산의 기대가치는 500억×0.45 + 1,000억×0.15 + 1,500억×0.4 = 975억원이다.

③ 우선, 감세효과에 해당하는 금액은 배당금 형태로 모두 지급되기 때문에 건물수리 및 위험 증가를 결정하는 요인에 영향을 주지 않는다. 따라서 질문 ②에서 구한 결과를 다음과 같이 그대로 이용할 수 있다.

(a) 440억원

기대가치 = 950억 + 10%×440억 = 994억원

(b) 490억원

기대가치 = 1,000억 + 10%×490억 = 1,049억원

(c) 900억원

이 경우는 위의 (a), (b)와 다르게 지불하는 부채가 일정하지 않다. 즉, 자산가치가 450억원이 되면 900억을 지급하지 못하므로, 450억에 해당 확률을 곱해 주어야 한다.

기대가치 = 925억 + 10%×(0.45×450억 + 0.55×900억) = 994억 7,500만원

(d) 990억원

(c)에서와 마찬가지로 회사 자산가치가 500억원이 되면 990억을 지급하지 못하므로, 500억에 해당 확률을 곱해 주어야 한다.

기대가치 = 975억 + 10%×(0.45×500억 + 0.55×990억) = 1,051억 9,500만원

따라서 위 네 가지 경우 중 990억원의 부채를 사용하는 것이 이 회사의 가장 적절한 선택이다.

14-17 1년 후 투자안 1과 2가 주주에게 가져다줄 현금흐름은 다음과 같다.

(단위: 만원)

상태	확률	주주의 수익	
		1	2
1	0.5	0	0
2	0.5	300	500

투자대안 1과 2의 기대현금흐름은 각각 150만원과 250만원이고, 위험(분산)은 각각 45,000(만원)^{2}과 125,000(만원)^{2}이다. 주주는 비록 위험이 더 크더라도 자신에게 더 높은 기대수익을 가져다 줄 대안 2를 선택할 것이다. 즉 두 대안의 기대수익은 1,250만원으로 같지만, 주주의 유한책임으로 인해 파산가능성이 있는 high-risk 투자안에 투자할 경우 주주의 부가 증가할 수 있기 때문이다. 이를 위험유인이라고 하는데 이로 인해 채권자의 부가 주주에게로 이전될 수 있으며 이를 아는 채권자들이 높은 이자율을 요구함으로써 전체 기업가치는 감소할 수 있다.

14-18 대안 1을 선택하는 경우 파산이 발생하지 않기 때문에 주주에게 발생하는 현금흐름의 기댓값은 여전히 150만원이다. 그러나 대안 2를 선택했는데 불황일 경우 파산이 일어나고 이 경우 파산비용의 현가 100만원을 주주가 부담해야 한다. 따라서 주주에게 발생하는 현금흐름의 기댓값은 250만 $-$ FV(100만) $<$ 150만원이 되어 대안 2를 선택할 이유가 없다. 즉 대안 1을 선택할 것이다.

14-19 ① 1년 후 수익과, 채권자 몫, 그리고 경영자인 갑돌 씨의 몫을 각 상황별로 나타내면 다음과 같다.

(단위: 원)

상황	확률	수익(기업가치)	채권자 몫	갑돌 씨의 몫
영업호조	0.5	2.5억	1.2억	1.3억
영업저조	0.5	1.5억	1.2억	0.3억
기댓값		2억	1.2억	0.8억

② 갑순 씨는 주식에 투자할 경우 최소한 대출을 해 줄 때 얻는 수익만큼을 요구한다. 따라서 요구지분율을 α라고 하면 다음의 관계가 성립해야 한다.

지분참여 시의 기대수익 $= \alpha \times 2$억$(= 0.5 \times 2.$억$ + 0.5 \times 1.5$억$) \geq 1.2$억

여기서 α를 구하면 $\alpha \geq 0.6$이다. 즉 최소한 60%의 지분을 요구한다.

③ 갑순 씨로부터 차입을 하는 경우와 주식발행을 통해 자금을 확보하는 경우 갑돌 씨가 얻게 되는 수익을 분석해 보자. 40%지분을 가정한다.

영업호조 시:

차입의 경우: 2.5억 − 1.2억 = 1.3억

주식발행의 경우: 2.5억 × 0.4 = 1억

영업저조 시:

차입의 경우: 1.5억 − 1.2억 = 0.3억

주식발행의 경우: 1.5억 × 0.4 = 0.6억

위의 결과를 보면 갑돌 씨가 미래의 상황이 어떠할지를 아는 경우 상황에 따라 자금조달방법이 달라질 것이다. 영업호조를 예상할 경우 차입을 선택할 것이고 영업저조가 예상되면 주식발행을 선택할 것이다. 그러나 갑순 씨가 이러한 사실을 알고 있다면 지분참여를 권하는 갑돌 씨의 제의는 회사의 영업이 저조할 것이라는 정보를 제공하게 된다. 따라서 갑순 씨는 더 높은 지분율을 요구하게 된다. 새로운 지분율을 β라고 하면, $\beta \times 1.5$억 ≥ 1.2억의 관계가 성립해야 하고, 여기서 β를 구하면 $\beta \geq 0.8$이다. 즉 최소한 80%의 지분을 요구한다.

④ 위의 결과는 정보비대칭하에서 기존 주주는 나쁜 상황이 예상될 경우 주식발행을 통해 자금을 조달하려고 하며, 좋은 상황이 예상되면 차입(채권발행)을 통해 자금을 조달하려고 한다는 것을 보여준다. 즉 기존 주주는 새로운 자금조달원으로 부채보다 자기자본을 선호한다는 자본조달순서가 나타난다.

14-20 ① (a) 경영진들이 실제 주가가 12,000원이라는 것을 알고 있을 경우

차입의 순비용은 100억원이고 주당비용은 $\frac{100\text{억원}}{5{,}000\text{만주}} = 200$원이다. 이때 $\frac{2{,}500\text{억원}}{13{,}000\text{원}} =$ 19,230,769주를 1,000원의 프리미엄으로 팔 경우 이익은 19,230,769,000원이다. 따라서 주식을 발행한다.

(b) 경영진들이 실제 주가가 14,000원이라는 것을 알고 있을 경우

차입의 순비용은 100억원이고 주당비용은 $\frac{100\text{억원}}{5{,}000\text{만주}} = 200$원이다. 이때 $\frac{2{,}500\text{억원}}{13{,}000\text{원}} =$ 19,230,769주를 1,000원 할인하여 판매할 경우 비용은 19,230,768,000원이다. 따라서 이 경우 부채를 사용한다.

② 만약 ㈜반도가 주식을 발행한다면, 투자자들은 ㈜반도의 주식이 고평가된 것이라고 생각할 것이다. 따라서 주가는 12,000원으로 떨어지게 된다.

③ 만약 ㈜반도가 채권을 발행한다면, 투자자들은 ㈜반도의 주식이 저평가된 것이라고 생각할 것이다. 따라서 주가는 14,000원으로 오르게 된다.

④ 만약 부채로 자금을 조달하는 데 비용이 없다면 주식은 고평가되었을 때만 발행될 것이다. 하지만 투자자들은 이를 알고 있기 때문에 이들은 주식이 가장 낮은 가치를 가질 때만 주식을 매입할 것이다. 따라서 기업의 입장에서 주식 발행은 아무런 효익이 없으므로 모든 기업들은 부채를 통해 자금을 조달할 것이다.

제15장 주주환원정책

15-1 본문 418쪽 참조

우선, 잉여현금을 유보하여 이를 새로운 투자에 사용하거나 현금으로 보유할 수 있다. 다음으로, 잉여현금을 주주들에게 배분하는 것인데 이는 현금배당과 자사주 매입의 두 가지 방법으로 실행될 수 있다.

15-2 본문 418쪽 참조

15-3 본문 422~426쪽 참조

15-4 본문 426~428, 432~434, 435~438쪽 참조

15-5 본문 422~424쪽 참조

15-6 본문 435~436쪽 참조

15-7 본문 437~438쪽 참조

① 기업의 미래수익이 계속해서 높은 수준일 것으로 예상될 때, 새로운 배당금의 지급을 유지할 수 있을 것이므로 이는 좋은 소식으로 받아들여질 것이다.

② 배당금을 지급하는 것이 더 이상 양(+)의 *NPV*를 갖는 사업기회가 존재하지 않는다는 것을 시사할 수 있으므로 이때는 배당의 증가가 나쁜 소식으로 받아들여질 것이다.

15-8 본문 439~442쪽 참조

15-9 본문 442~444쪽 참조

15-10 (i) 세금이 없는 완전시장에서 배당은 주주의 부에 영향을 미치지 않는다.

(ii) 세금이 있는 경우, 투자자별 배당소득세, 자본소득세, 그리고 이자소득세가 다르기 때문에 배당을 많이 지급한다고 해서 기업가치가 증가하는 것은 아니다. 세율체계에 따라 기업의 잉여현금을 주주에게 환원하는 것이 유리할 수도 있고 불리할 수도 있으며, 또 자사주매입보다 현금배당을 하는 것이 유리할 수도 있고 불리할 수도 있다.

15-11 2024년 6월 30일은 일요일이다. 따라서 3영업일 전인 6월 26일이 배당을 받을 수 있는 마지막 거래일이다. 배당락일은 6월 27일이다.

15-12 목표부채비율(D/E)이 40%이므로 총투자비용의 28.57%(= 0.4/1.4)를 부채로 71.43%(= 1.0/1.4)를 자기자본으로 조달한다. 투자비용의 조달과 배당은 다음과 같다.

투자비용: 12,000만

부채조달: 3,428만(= 12,000만 × .2857)

자기자본조달: 8,572만(= 12,000만 × .7143)

(내부유보)

배당가능액:

순이익:	15,000만
내부유보:	8,572만
배당가능액:	6,428만

15-13 ① $\dfrac{2,000}{1.15}+\dfrac{17,500}{1.15^2}=14,972$원

② $14,972 = C \times PVFA$(15%, 2년). 따라서 $C = 9,210$원

15-14 ① 배당지급액은 1주당 $\dfrac{1,600\text{억원}}{2\text{억 }4\text{천만주}}=667$원이다. 따라서 완전자본시장에서 주가는 배당금액만큼 떨어질 것이므로 20,000 − 667 = 19,333원이 될 것이다.

② 이 경우 주가는 변하지 않고 그대로 20,000원이다.

③ 완전시장하에서 두 정책의 효과는 동일하다.

15-15 투자자는 1주당 $\dfrac{677\text{원}}{20,000\text{원}}=0.03385$주의 주식을 팔면 677원을 얻고 남은 보유주식의 가치는 19,333원이 될 것이다. 이는 667원의 배당금을 지급받는 것과 동일한 효과를 얻는다.

15-16 (i) 국채투자 시 이익의 증가 = 1,000만 × 0.08 × (1 − 0.4) = 48만원

1년 후 배당가능액 = 1,000만 + 48만 = 1,048만원

주주가 받는 세후수익 = 1,048만 × $(1-\tau_P)$, τ_P = 개인소득세율

(ii) 현금배당 시 주주가 받는 세후배당금 = 1,000만 × $(1-\tau_P)$

주주가 국채에 투자하여 얻는 이자 = 1,000만 × $(1-\tau_P)$ × 0.08 × $(1-\tau_P)$

주주가 받는 세후투자수익 = 1,000만 × $(1-\tau_P)$ + 80만 × $(1-\tau_P)^2$

(i)과 (ii)를 같게 만드는 개인소득세율을 구해 보자.

1,048만 × $(1-\tau_P)$ = 1,000만 × $(1-\tau_P)$ + 80만 × $(1-\tau_P)^2$

48만 × $(1-\tau_P)$ = 80만 × $(1-\tau_P)^2$. 여기서 τ_P는 0.4 즉 40%이다.

15-18 ① $P=\dfrac{3,000\times 0.85}{0.12}=21,250$원

② $P=\dfrac{3,000}{0.12}=25,000$원

15-18 ① 주가하락의 배당지급액에 대한 비율을 구하면 $\frac{2,250\text{원}}{2,500\text{원}} = 90\%$이다. 따라서 유효배당세율은 10%이다.

② 장기 개인투자자가 한계투자자가 될 가능성이 가장 높다. 국가에 따라서는 단기 개인투자자의 배당소득세는 장기 개인투자자의 세율보다 높다.

15-19 주가하락의 배당금에 대한 비율은 $\frac{1,300}{1,500} = 86.67\%$이므로 투자자들은 $t_d^* = 13.33\%$의 세율까지는 감내할 수 있을 것이다. 유효 배당소득세율을 구하는 공식이 다음과 같으므로 이를 이용하면,

$$\hat{\tau}_D = \frac{\tau_D - \tau_{CG}}{1 - \tau_{CG}},\quad \tau_D = \tau_{CG} + \hat{\tau}_D(1 - \tau_{CG}) = 20\% + 13.33\%(1 - 0.2) = 30.664\%$$

따라서 배당소득세율이 30.664%보다 작은 투자자라면 배당으로부터 이익을 얻는다.

15-20 ① 주식의 가치는 변하지 않는다.

② 주식의 가치는 총 1억원만큼 하락할 것이다.

③ 완전자본시장하에서는 어떠한 선택도 투자자들의 부에 영향을 미치지 않는다. 주가는 주식의 가치를 정확히 반영하는 수준으로 결정될 것이기 때문이다.

15-21 배당에 대해서 15%의 세금이 부과되며 자본이득세, 이자소득세, 법인세는 0일 때:

① 주식의 가치는 변하지 않는다. 왜냐하면 기존의 배당지급이나 1회 지급의 경우 모두 동일한 배당소득세를 지불하게 되기 때문이다.

② 주가는 1억 × (1 − 0.15) = 8,500만원만큼 하락할 것이다. 이는 세후배당액의 가치를 반영한 것이다.

③ 투자자들의 이익에 아무런 영향을 미치지 않는다.

배당소득과 자본이득에 대해 15%의 세금이 부과되며, 이자소득세는 40%, 법인세는 40%일 때:

① 현금유보의 실효세율은 $1 - \frac{(1-\tau_C)(1-\tau_{CG})}{(1-\tau_I)} = 1 - \frac{(1-0.4)(1-0.15)}{(1-0.4)} = 15\%$이므로 경리산업의 자본가치는 이러한 발표 이후 15% × 1억원 = 1,500만원만큼 상승할 것이다.

② 실효배당소득세율 $\hat{\tau}_D = \frac{\tau_D - \tau_{CG}}{1 - \tau_{CG}} = 0$이므로 배당락일에 주가는 1억원만큼 떨어질 것이다.

③ 주가반응에 기초했을 때 회사의 결정은 투자자들에게 1,500만원의 이익을 가져다준다.

15-22 기업가치를 사업가치로 정정.

① 사업가치 = 자본 + 부채 − 현금이므로 자본 = 3,000억 + 800억 = 3,800억원이다. 따라서 주가는 $\frac{3,800\text{억원}}{750\text{만주}} = 50,667\text{원/주}$이다.

② 매입하는 주식수는 $\frac{800\text{억원}}{50,667\text{원}} = 1,578,936$주이므로 남은 주식수는 5,921,064주이다.

잉여현금과 부채가 없으므로 이때 사업가치와 자본가치는 동일하다.

만약 사업가치가 4,500억원이 되면 이때 주가는 $\frac{4,500억원}{5,921,064주} = 76,000$원이다.

만약 사업가치가 1,500억원이 되면 이때 주가는 $\frac{1,500억원}{5,921,064주} = 25,333$원이다.

③ 자사주매입 이전에 사업가치가 4,500억원이 된다면 이때 자본가치는 5,300억원이다. 따라서 주가는 $\frac{5,300억원}{750만주} = 70,667$원이다.

자사주매입 이전에 AM기업의 기업가치가 1,500억원이 된다면 이때 자본가치는 2,300억원이다. 따라서 주가는 $\frac{2,300억원}{750만주} = 30,667$원이다.

자사주매입 후의 주가는 각각 70,667원, 30,667원으로 이전의 주가와 같을 것이다. 왜냐하면 자사주매입 자체는 주가에 아무런 영향을 미치지 못하기 때문이다.

④ 만약 경영진이 기업가치의 상승을 예측하고 있다면, 그들은 자사주매입을 먼저 하는 것을 선호할 것이다. 이 경우 주가는 76,000원이 되므로 70,667원보다 더 높기 때문이다. 반면 기업가치의 하락을 예측하고 있다면 기업가치에 대한 사실이 알려진 후에 자사주매입을 할 것이다. 이때는 먼저 자사주매입을 하면 주가가 25,333원이지만 기업가치가 알려진 이후 자사주매입을 하면 주가가 30,667원이 되기 때문이다.

⑤ ④의 결과에 의하면 경영진들이 기업가치에 대한 좋은 소식이 발표되기 전과 나쁜 소식이 발표된 후에 자사주매입을 한다는 것을 알 수 있다. 그러므로 만약 투자자들이 경영진들이 회사의 미래에 대해 좀 더 나은 정보를 가지고 있다고 믿는다면, 자사주매입의 발표는 주가를 상승시키는 방향으로 영향을 미친다.

제16장 부채사용과 투자안의 평가

16-1 ① $\beta_E = \left[1 + (1-\tau_C) \cdot \frac{D}{E}\right] \cdot \beta_U$에 의해

$$\beta_{EA} = \left[1 + 0.6 \times \frac{1,000}{1,500}\right] \times 1.2 = 1.68$$

$$\beta_{EB} = \left[1 + 0.6 \times \frac{1,500}{1,000}\right] \times 1.2 = 2.28$$

② $k_E = r_f + [E(r_m) - r_f] \cdot \beta_E$

$k_{EA} = 5 + [12-5] \times 1.68 = 16.76\%$

$k_{EB} = 5 + [12-5] \times 2.28 = 20.96\%$

③ B기업의 부채비율이 A기업보다 높다는 것은 재무레버리지효과로 인해 B기업의 주주에게 돌아갈 이익의 위험이 A기업보다 크다는 것을 의미한다. ①에서 B기업의 체계적 위험(β)이 A기업보다 더 큰 것을 확인할 수 있다. 위험이 큰 주식에 투자할 때 투자자들은 더 큰 위험프리미엄을 요구하므로 B기업이 더 높은 자기자본비용을 부담하게 된다. ②에서 B기업의 자기자본비용이 A기업보다 더 큰 것을 확인할 수 있다.

16-2 ① $k_E = r_f + [E(r_m) - r_f] \cdot \beta_E = 8 + [16-8] \times 0.9 = 15.2\%$

② $972,720 = \frac{1,070,000}{1+k_D}$, $\quad k_D = 10\%$

③ $k_{WACC} = k_E \cdot \frac{E}{D+E} + k_D \cdot (1-\tau_C) \cdot \frac{D}{D+E} = 15.2 \times 0.5 + 10 \times 0.7 \times 0.5 = 11.1\%$

16-3 ① 최대지불금액은 투자의 순현가가 0이 되는 금액이다. 최대지불금액을 x라고 하면,

$$\left\{100,000,000 \times (1-0.4) + \frac{x}{5} \times 0.4\right\} \times PVFA(10\%, 5\text{년}) = x$$

$x = 326,349,024$원이다.

② 자기자본으로만 조달한 경우의 NPV

$$= -3\text{억} + \left(1\text{억} \times (1-0.4) + \frac{3\text{억}}{5} \times 0.4\right) \times PVFA(10\%, 5\text{년})$$

$= 18,427,200$원

2억원을 부채로 조달한 경우

5년간 8% 이자율로 2억원의 부채를 사용할 때 발생하는 이자비용의 법인세 감세효과 :

$200,000,000 \times 0.08 \times 0.4 \times PVFA(8\%, 5\text{년}) = 25,553,280$원

$APV = 18,427,200 + 25,553,280 = 43,980,480$

③ 특혜금융이 없는 경우 A회사는 이 투자에서 43,980,480의 순현가를 얻을 수 있다. 정상적인

이자율 8%가 아닌 5% 이자율에 차입할 수 있는 경우 추가되는 순현가는 다음과 같다.

특혜금융의 순현가

$= 200{,}000{,}000 \times 0.03 \times (1-0.4) \times PVFA(8\%, 5년)$

$= 14{,}373{,}720$원

또는 5% 이자율에 차입할 수 있는 경우 이자비용의 법인세 감세효과와 특혜금융효과를 모두 고려한 순현가로 계산하고 여기서 정상적인 경우의 이자비용의 법인세 감세효과를 빼도 된다.

특혜금융의 NPV

$= +2억 - \{2억 \times 0.05 \times (1-0.4)\} \times PVFA(8\%, 5년)$

$-2억 \times PVF(8\%, 5년) - 25{,}553{,}280$

$= 39{,}927{,}000 - 25{,}553{,}280 = 14{,}373{,}720$

따라서 A회사는 특혜금융이 없는 경우 지급할 수 있는 정상적인 구입가격에 비해 특혜금융이 있는 경우 14,373,720원을 추가로 지불할 수 있다.

지불가능한 구입가격 = 314,373,720원

16-4 연구개발에 따른 투자는 0시점부터 5년간 매년 1억원씩 지출되고 이는 모두 해당 연도의 비용으로 처리되어 세금효과를 갖고 온다. 또 개발이 완료되는 5년도 말 이후 5년간 매년 1.3억원씩의 현금유입이 발생한다. 따라서 자기자본으로만 자금을 조달한 경우의 순현가는 다음과 같다.

자기자본으로만 조달한 경우의 NPV

$= -1억(1-0.3) - 1억(1-0.3) \times PVFA(18\%, 4년)$

$+1.3억(1-0.3) \times PVFA(18\%, 5년) \times PVF(18\%, 5년)$

$= -133{,}915{,}036$원

부채사용에 따른 효과의 순현가

정상적인 부채의 차입비용은 12%이다. 따라서 부채사용에 따른 효과는 0시점에 조달하는 1억원의 이자비용의 법인세 감세효과와 특혜금융효과, 그리고 시점 1~시점 4에 조달되는 각 1억원의 이자비용의 법인세 감세효과이다.

0시점에 조달하는 부채 1억원의 사용효과

$= 1억원 - [1억원 \times 0.05 \times (1-0.3)] \times PVFA(12\%, 5년)$

$-1억 \times PVF(12\%, 5년)$

$= 30{,}643{,}200$원

시점 1~시점 4의 매년에 조달하는 부채의 사용에 따른 이자비용의 법인세 감세효과

시점 1에 조달하는 부채의 효과

$= \frac{1}{1.12} \times [100{,}000{,}000 \times 0.12 \times 0.3] \times PVFA(12\%, 5년)$

$= 11{,}586{,}857$원

시점 2에 조달하는 부채의 효과

$$= \frac{1}{1.12^2} \times [100,000,000 \times 0.12 \times 0.3] \times PVFA(12\%, 5\text{년})$$
$$= 10,345,408\text{원}$$

시점 3에 조달하는 부채의 효과

$$= \frac{1}{1.12^3} \times [100,000,000 \times 0.12 \times 0.3] \times PVFA(12\%, 5\text{년})$$
$$= 9,236,972\text{원}$$

시점 4에 조달하는 부채의 효과

$$= \frac{1}{1.12^4} \times [100,000,000 \times 0.12 \times 0.3] \times PVFA(12\%, 5\text{년})$$
$$= 8,247,296\text{원}$$

부채사용에 따른 효과의 $NPV = 70,059,733$원

$$APV = -133,915,036 + 70,059,733$$
$$= -63,855,303\text{원}$$

따라서 ㈜우주는 새로운 엔진을 개발하는 사업을 기각해야 한다.

16-5 먼저 한라기업이 자기자본으로만 자금을 조달하고 있을 때 자기자본비용을 구해 보자. MM의 제 2명제를 이용하면 다음과 같다.

$$k_E = k_U + (k_U - k_D)\frac{D}{E}(1 - \tau_C)$$

$18 = k_U + (k_U - 10)0.25(1 - 0.4)$에서 k_U를 구하면 16.95%이다.

신규투자안의 경영위험이 기존 한라기업의 경영위험과 같다고 가정하면 APV법을 이용하여 문제를 풀 수 있다.

자기자본으로만 신규투자에 필요한 자금을 조달할 경우의 NPV

$$= \frac{5}{1.1695} + \frac{8}{1.1695^2} + \frac{10}{1.1695^3} - 15 = 1.376(\text{억원})$$

부채사용에 따른 효과의 NPV

부채는 10% 이자율에 6억원을 조달하여 3년에 걸쳐 일정액을 상환하게 된다. 매년의 상환액과 부채상환표를 작성하면 다음과 같다.

매년의 상환액(x):

$$\frac{x}{1.1} + \frac{x}{1.1^2} + \frac{x}{1.1^3} = 6\text{억원에서} \quad x = 241,269,000\text{원}$$

부채상환표

연도	1	2	3
기초부채	600,000,000	418,731,000	219,335,100
상환액	241,269,000	241,269,000	241,269,000
이자비용	60,000,000	41,873,100	21,933,510
원금상환액	181,269,000	199,395,900	219,335,490
기말부채	418,731,000	219,335,100	−390*

*절사에 따른 오차

따라서 부채사용에 따른 이자비용의 법인세 감세효과는 다음과 같다.

$$\frac{60{,}000{,}000 \times 0.4}{1.1} \times \frac{41{,}873{,}100 \times 0.4}{1.1^2} + \frac{21{,}933{,}510 \times 0.4}{1.1^3} = 42{,}252{,}117\text{원}$$

$$APV = 137{,}600{,}000 + 42{,}252{,}117 = 179{,}852{,}117\text{원}$$

16-6 i) 가중평균자본비용법에 의할 경우

㈜YOUNG의 주식베타는 부채비율이 2인 경우의 베타이다. 이를 이용하여 사업위험만을 반영하는 베타(unlevered beta)를 구하면 다음과 같다.

$$\beta_{YOUNG} = \left[1 + (1 - \tau_C)\frac{D}{E}\right]\beta_U = \beta_U(1 + 2 \times 0.7) = 1.5$$

$$\therefore\ \beta_U = 0.625$$

㈜청춘은 부채비율을 1로 하여 자본을 조달할 것이므로 이에 맞는 주식베타는 다음과 같다.

$$\beta_E = \beta_U(1 + 1 \times 0.7) = 0.625 \times 1.7 = 1.0625$$

자기자본비용을 CAPM에 의해 평가하면,

$$k_E = 7 + (8) \times 1.0625 = 15.5\%$$

$$\text{세후타인자본비용} = 7 \times 0.7 = 4.9\%$$

$$k_{WACC} = 0.5 \times 15.5 + 0.5 \times 4.9 = 10.2\%$$

$$NPV = \frac{100\text{억}}{0.102} - 1{,}000\text{억} = -19.61\text{억원}$$

ii) APV법에 의할 경우

APV = 자기자본으로만 조달 시의 NPV + 부채사용효과의 NPV

① 자기자본으로만 조달 시의 NPV

$\beta_U = 0.625$이므로 CAPM에 의해 $k_U = 0.12$

$$NPV = \frac{100\text{억}}{0.12} - 1{,}000\text{억} = -166.67\text{억원}$$

② 이자비용의 감세효과

목표부채비율이 1이므로 조달할 부채액은 투자안 가치의 50%이다. 투자안의 가치는 가중평균자본이용법을 참조하면 투자안의 가치 $= \dfrac{100\text{억}}{0.102} = 980.39$억이다.

∴ 조달할 부채액은 490.2억원이다.

연간 이자비용 $= 490.2\text{억} \times 7\% = 34.31$억

연간 이자비용의 감세효과 $= 34.31 \times 0.3 = 10.29$억원

$NPV = \dfrac{10.29}{0.07} = 147$억원

∴ $APV =$ ① + ② $= -166.67 + 147 = -19.67$억원

이는 $WACC$법에 의할 경우와 같이 경제성이 없다.

16-7 ① 현금흐름

- 기술력확보를 위한 연구개발비: 3년간 매년 300억원
- 기계구입가격: 1,000억원
- 세후증분잉여현금흐름: 4차연도~10차연도 매년 400억원
- 잔존가치: 10년 말에 100억원
- 자본비용

$\beta_U = \dfrac{1.5}{1+2(1-0.4)} = 0.6818,\ k_U = 0.1 + (0.15 - 0.1) \times 0.6818 = 0.1341$

- 투자의 순현가

기술력확보를 위한 연구개발비는 매기 말에 지출되며, 투자연도에 전액 비용처리되는 것을 가정한다.

자기자본으로만 조달한 경우의 NPV

$= -1{,}000\text{억} - 300\text{억}(1-0.4) \times PVFA(13.41\%, 3\text{년})$

$+ 400 \times PVFA(13.41\%, 7\text{년}) \times PVF(13.41\%, 3\text{년})$

$+ 100 \times PVF(13.41\%, 10\text{년})$

$= -196.18$억원

부채를 사용하는 경우의 NPV: 500억원을 부채로 조달하여 처음 2년간은 이자만 상환하고 다음 5년간 원리금을 분할상환한다. 500억원을 5%이자율 부담으로 5년간 분할상환하는 경우의 분할상환액(x)을 구해 보면 다음과 같다.

$x \times PVFA(5\%, 5\text{년}) = 500$억원, $x = 115.5$억원

부채상환표

(단위: 억원)

연도	3	4	5	6	7
기초부채	500	409.5	314.5	214.7	110.0
이자비용	25	20.5	15.7	10.8	5.5
분할상환액	115.5	115.5	115.5	115.5	115.5
원금상환액	90.5	95.0	99.8	104.7	110
기말부채	409.5	314.5	214.7	110.0	0

500억원을 5% 이자율로 조달함에 따른 이자비용의 감세효과와 특혜금융효과

$= 500 - 115.5 \times PVFA(10\%, 5년) \times PVF(10\%, 2년)$

$$- \frac{25 \times (1-0.4)}{1.10} - \frac{25 \times (1-0.4)}{1.10^2} + \frac{25 \times 0.4}{1.10^3}$$

$$+ \frac{20.5 \times 0.4}{1.10^4} + \frac{15.7 \times 0.4}{1.10^5} + \frac{10.8 \times 0.4}{1.10^6} + \frac{5.5 \times 0.4}{1.10^7}$$

$= 132.7$억원

기채비용의 순지출액 $= 5(1-0.4) = 3$억원

$APV = -196.18$억원 $+ 132.7$억원 $- 3$억원 $= -66.48$억원

② • 기술력확보를 위한 연구개발비: 3년간 매년 300억원

• 기계구입가격: 2,000억원

• 세후증분잉여현금흐름: 4차연도~12차연도 매년 700억원

• 잔존가치: 12년 말에 200억원

• 자본비용

$$\beta_U = \frac{1.5}{1 + 2(1-0.4)} = 0.6818$$

$k_U = 0.1 + (0.15 - 0.1) \times 0.6818 = 0.1341$

• 투자의 순현가

기술력확보를 위한 연구개발비는 매기 말에 지출되며, 투자연도에 전액 비용처리되는 것을 가정한다.

자기자본으로만 조달한 경우의 NPV

$= -2{,}000억 - 300억(1-0.4) \times PVFA(13.41\%, 3년)$

$+ 700 \times PVFA(13.41\%, 9년) \times PVF(13.41\%, 3년)$

$+ 200 \times PVF(13.41\%, 12년)$

$= 47.66$억원

부채를 사용하는 경우의 NPV: 1,000억원을 부채로 조달하여 처음 2년간은 이자만 상환하고, 차입액 중 특혜금융을 받은 500억원은 다음 5년간 원리금을 분할상환하며, 정상 차입한 500억원은 다음 10년간 분할상환한다.

i) 특혜금융을 받은 500억원을 5% 이자율 부담으로 5년간 분할상환하는 경우의 분할상환액(x)을 구해 보면 다음과 같다.

$x \times PVFA(5\%, 5년) = 500$억원, $\quad x = 115.5$억원

부채상환표

(단위: 억원)

연도	3	4	5	6	7
기초부채	500	409.5	314.5	214.7	110.0
이자비용	25	20.5	15.7	10.8	5.5
분할상환액	115.5	115.5	115.5	115.5	115.5
원금상환액	90.5	95.0	99.8	104.7	110
기말부채	409.5	314.5	214.7	110.0	0

500억원을 5% 이자율로 조달함에 따른 이자비용의 감세효과와 특혜금융효과

$$= 500 - 115.5 \times PVFA(10\%, 5\text{년}) \times PVF(10\%, 2\text{년})$$

$$- \frac{25 \times (1-0.4)}{1.10} - \frac{25 \times (1-0.4)}{1.10^2} + \frac{25 \times 0.4}{1.10^3}$$

$$+ \frac{20.5 \times 0.4}{1.10^4} + \frac{15.7 \times 0.4}{1.10^5} + \frac{10.8 \times 0.4}{1.10^6} + \frac{5.5 \times 0.4}{1.10^7}$$

= 132.7억원

ii) 정상차입한 500억원의 매년의 상환액(y)과 부채상환표

$y \times PVFA(10\%, 10\text{년}) = 500$억원, $y = 81.4$억원

부채상환표

(단위: 억원)

연도	3	4	5	6	7	8	9	10	11	12
기초부채	500	468.6	434.1	396.1	354.3	308.3	257.7	202	140.8	73.5
이자비용	50	46.9	43.4	39.6	35.4	30.8	25.7	20.2	14.1	7.4
분할상환액	81.4	81.4	81.4	81.4	81.4	81.4	81.4	81.4	81.4	81.4
원금상환액	31.4	34.5	38.0	41.8	46.0	50.6	55.7	61.2	67.3	74
기말부채	468.6	434.1	396.1	354.3	308.3	257.7	202	140.8	73.5	−0.5*

*절사에 따른 오차

500억원을 10% 이자율로 조달함에 따른 이자비용의 감세효과

$$= 500 - 81.4 \times PVFA(10\%, 10\text{년}) \times PVF(10\%, 2\text{년})$$

$$- \frac{50 \times (1-0.4)}{1.10} - \frac{50 \times (1-0.4)}{1.10^2} + \frac{50 \times 0.4}{1.10^3}$$

$$+ \frac{46.9 \times 0.4}{1.10^4} + \frac{43.4 \times 0.4}{1.10^5} + \frac{39.6 \times 0.4}{1.10^6} + \frac{35.4 \times 0.4}{1.10^7}$$

$$+ \frac{30.8 \times 0.4}{1.10^8} + \frac{25.7 \times 0.4}{1.10^9} + \frac{20.2 \times 0.4}{1.10^{10}} + \frac{14.1 \times 0.4}{1.10^{11}} + \frac{7.4 \times 0.4}{1.10^{12}}$$

= 105.9억원

기채비용의 순지출액 = 5(1 − 0.4) = 3억원

APV = 47.66억원 + 132.7억원 + 105.9억원 − 3억원 = 283.26억원

16-8 ① 가중평균자본비용($WACC$)

$$WACC = \frac{24\text{조 }3\text{천억원}}{36\text{조 }6\text{천억원}} \times 8\% + \frac{36\text{조 }6\text{천억원} - 24\text{조 }3\text{천억원}}{36\text{조 }6\text{천억원}} \times 6.6\%(1-0.35) = 6.75\%$$

② $WACC$를 이용하여 프로젝트의 가치를 구하면

$$V_L = \frac{80}{1.0675} + \frac{120}{1.0675^2} + \frac{100}{1.0675^3} = 262\text{조 }4{,}502\text{억원}$$

$$NPV = 262\text{조 }4{,}502\text{억원} - 150\text{조} = 112\text{조 }4{,}502\text{억원}$$

③ 일정한 부채비율을 유지하는 경우 ②번의 투자안에서 조달가능한 부채의 금액

$$\frac{D}{E} = \frac{36\text{조 }6\text{천억원} - 24\text{조 }3\text{천억원}}{36\text{조 }6\text{천억원}} = 0.336$$

(단위: 조원)

연도	0	1	2	3
FCF	−150	80	120	100
V_L	262.4502	200.1656	93.6768	0
$D = \frac{D}{E} \times V_L$	88.1833	67.2556	31.4754	0

16-9 ① 무부채기업일 경우의 기업가치

차입이 없을 때의 잉여현금흐름은 250만×0.65 = 162만 5,000원이고, CAPM에 따르면 자본조달비용은 5% + 1.13(12% − 5%) = 12.91%이므로 $V_U = \frac{1{,}625{,}000}{0.1291 - 0.04} = 18{,}237{,}935$원이다.

② 영원기업의 부채는 무위험부채이기 때문에 부채에 대한 이자율은 무위험이자율인 5%와 동일하다. 따라서 내년에 지불할 이자비용은 6,000,000 × 5% = 300,000원이다. 또한 이자비용의 증가율은 부채의 증가율인 4%와 같을 것이다.

③ 내년의 이자비용의 감세효과는 300,000원 × 35% = 105,000원이며, 이는 연 4%씩 증가한다. 하지만 영원기업은 새로운 부채를 추가적으로 차입할 수도 있고 상환할 수도 있기 때문에 정확한 미래의 이자비용 감세효과를 알 수는 없다. 그러므로 무위험부채라 할지라도 이로부터 발생하는 이자비용의 감세효과는 불확실하다. 이자비용의 감세효과의 베타가 1.13이기 때문에 할인율을 구하면 5% + 1.13(12% − 5%) = 12.91%이고, 부채를 영구히 사용하며 4%씩 증가하는 경우 이자비용의 감세효과가 4%씩 항상 성장하는 영구연금의 형태로 발생할 것이기 때문에 현재가치는 다음과 같다.

$$PV = \frac{105{,}000}{0.1291 - 0.04} = 1{,}178{,}451\text{원}$$

④ 조정현가법은 무부채기업의 가치와 이자비용 감세효과를 합한 것이 부채기업의 가치와 같다는 논리를 이용하는 것이다. 따라서 ①, ③의 결과를 이용하면

$$V_L = 18{,}237{,}935 + 1{,}178{,}451 = 19{,}416{,}386\text{원}$$

자기자본의 시장가치 $= V_L - D = 19{,}416{,}386 - 6{,}000{,}000 = 13{,}416{,}386$원

⑤ 내년도 기업의 잉여현금흐름은 250만 × 0.65 = 162만 5,000원이고 이는 4%씩 증가하기 때문에 *WACC*는 다음 식을 만족하는 값이어야 한다.

$$V = \frac{1,625,000}{k_{WACC} - 0.04} = 19,416,386$$

$$k_{WACC} = 12.37\%$$

⑥ 영원기업 자기자본의 기대수익률:

$$k_{WACC} = 12.37\% = \frac{13,416,386}{19,416,386} \times k_E + \frac{6,000,000}{19,416,386} \times 5\% \times (1 - 0.35)$$

$$k_E = 16.45\%$$

⑦ $\beta_A = \dfrac{E}{D+E}\beta_E + \dfrac{D}{D+E}\beta_D$

CAPM에 따라 $16.45\% = 5\% + \beta_E(12\% - 5\%)$를 만족해야 한다. 따라서 $\beta_E = 1.635$이다.
이 값을 위의 식에 대입하면

$$\beta_A = \frac{13,416,386}{19,416,386} \times 1.635 + \frac{6,000,000}{19,416,386} \times 0 = 1.13$$

으로 위에서 주어진 값과 동일하게 나오는 것을 알 수 있다.

⑧ 1년 뒤 부채는 6,000,000 × 1.04 = 6,240,000원이 될 것이므로 주주들에게 240,000원만큼이 지급될 것이다. 이러한 지급액은 매년 4%씩 성장한다. 따라서 1년 말 주주잉여현금흐름(*FCFE*)은 영업이익 − 이자비용 − 법인세 + 부채수익금 = (2,500,000 − 300,000)(1 − 0.35) + 240,000 = 1,670,000원이다. 이는 연 4%씩 성장하므로 자기자본의 시장가치는 $E = \dfrac{FCFE}{k_E - g}$ = 1,670,000/(16.45% − 4%) = 13,413,655원으로 단수차이를 무시하면 ④에서 구한 가치와 같음을 알 수 있다.

16-10 ① 1년 후에 기대되는 세후잉여현금흐름은 135 − 0.35 × 35 = 122.75(억원)

$$V_U = \frac{122.75}{1.05} = 116.905(\text{억원})$$

$$PV(\text{이자비용감세효과}) = 35\% \times 5\% \times \frac{100}{1.05} = 1.667(\text{억원})$$

$$V_L = 116.905 + 1.667 = 118.572(\text{억원})$$

$$NPV = 118.572 - 100 = 18.572(\text{억원})$$

② 가중평균자본비용

$k_U = k_D = 5\%$, $\tau_C = 35\%$, $\dfrac{D}{E} = \dfrac{100}{118.572} = 0.8434$. 식 16.8을 이용하면,

$$k_{WACC} = 5\% - \frac{100,000}{118,572} \times 35\% \times 5\% = 3.524\%$$

③ 가중평균자본비용법(*WACC*)을 이용한 *NPV* 평가

$$V_L = \frac{122,750}{1.03524} = 118.572(\text{억원})$$

$NPV = 118.572 - 100 = 18.572$억원

④ 주주가치법을 이용한 NPV 평가

$FCFE_0 = 0$

$FCFE_1 = 122.75 - 5\% \times 100(1 - 0.35) - 100 = 19.5$(억원)

$k_E = 5\%$

$NPV = \frac{19.5}{1.05} = 18.572$(억원)

제17장 옵션의 개요

17-1 [그림 17-2] 및 [그림 17-3] 참조

17-2

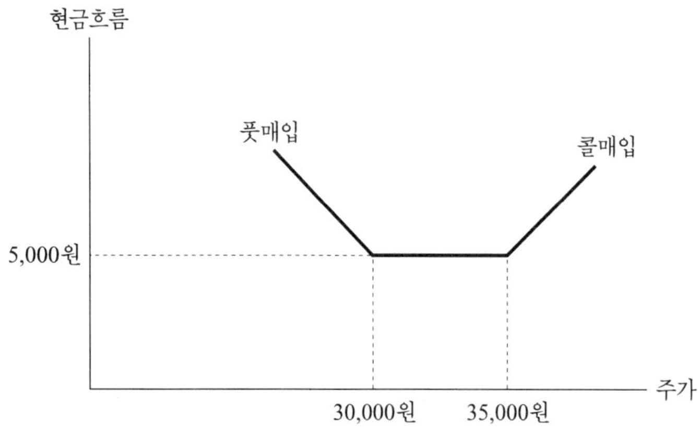

17-3 풋매도의 경우 최대손실은 유한한 값을 가지나, 콜매도의 경우 최대손실은 무한대이다. 따라서 콜매도 포지션의 위험이 더 크다.

17-4

	콜가격	풋가격
①	+	+
②	−	−
③	+	+
④	no change	

17-5 무배당주식의 경우 앞으로의 옵션을 만기 이전에 행사하는 것이 결코 이롭지 않다. 따라서 미국식 옵션이라고 해도 유럽식 옵션보다 유리한 점이 없기 때문에 같은 가격으로 거래된다.

17-6 주식을 살 수 있는 권리의 가치가 주식 자체의 가치보다 크다면 누구도 콜옵션을 사려고 하지 않을 것이기 때문이다. 만약 콜옵션의 가치가 주가보다 크다고 하면 콜옵션을 매도하고 주식을 매입하여 차익거래를 할 수 있다(본문 496쪽 표 참조).

17-7 $P = C - S + PV(K) = 2{,}500 - 25{,}000 + 28{,}000/1.1^2 = 640.50$원

17-8 콜옵션이 음의 시간가치를 가지고 있기 때문에 $K - PV(K) + P - PV(\text{배당금}) < 0$이다. 따라서 $K - PV(K) - PV(\text{배당금}) < 0$이고 $PV(\text{배당금}) > K - PV(K)$[행사가격에 대한 이자]의 관계가 성립한다. 행사가격에 대한 이자 $= 6\% \times 237.5 = 14.25$이므로 배당수익률은 최소 $14.25/275 = 5.18\%$가

되어야 한다.

17-9 ① 이 경우 행사가격이 더 높기 때문에 풋옵션을 조기에 행사하는 것이 적절하다. 이때의 풋옵션의 가치는 52,000원 − 10,000원 = 42,000원이다.

② 배당이 없는 경우 미국식 콜옵션가격(CA)은 유럽식 콜옵션가격(CE)과 같기 때문에 풋-콜 등가식에 의해 다음의 관계가 성립한다.
$CA = CE = PE + S - PV(K) < P_A + S - PV(K) = 35,000 + 10,000 - 45,000/1.1 = 4,091$원. 따라서 미국식 콜옵션의 최대가치는 4,091원이다. 여기서 부등호가 성립하는 것은 풋옵션의 경우 미국식의 가치가 유럽식의 가치보다 크기 때문이다. 그리고 미국식 풋옵션의 현재가치는 35,000원(= 45,000 − 10,000)이다.

17-10 풋-콜 등가식에 따르면 '$P = C - S + PV(K)$'가 성립해야 한다. 그런데 3,400원 > 6,500원 + $\frac{12,500\text{원}}{1.07}$ − 15,000원 = 3,182원이므로 풋옵션의 가격이 과대평가된 것임을 알 수 있다. 따라서 차익거래를 통해 이익을 얻으려면 풋옵션을 매도하고 콜옵션 매입, 주식 공매, 액면가 12,500원인 무위험 할인채(현재가격 11,682원)를 매입하면 만기 시점 218원의 이익을 얻을 수 있다.

거래	현금흐름		
	현재시점 ($\tau = 0$)	만기시점(τ = 1년)	
		$S_T \le 12,500$	$S_T > 12,500$
• 풋옵션 매도	+3,400	$-(12,500 - S_T)$	0
• 콜옵션 매입	−6,500	0	$S_T - 12,500$
• 주식 공매	+15,000	$1S_T$	$1S_T$
• 채권 매입	−12,500/1.07 = −11,682	+12,500	+12,500
합계	+218	0	0

17-11

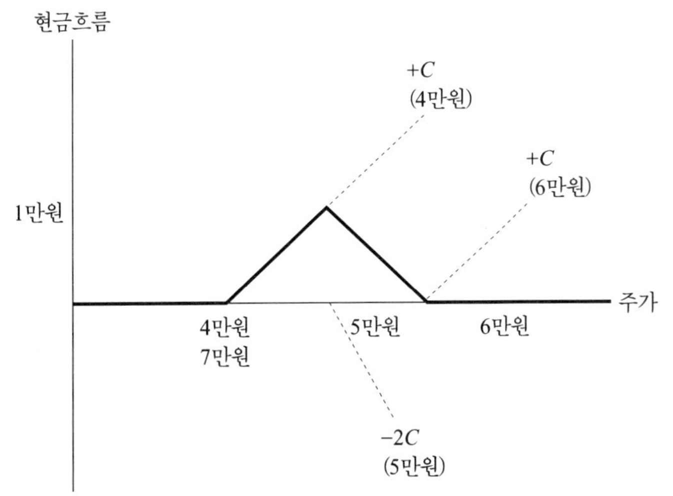

제18장 옵션의 가격결정

18-1 ① 1년 후 주가는 $S_u = 20,000 \times 1.2 = 24,000$원 또는 $S_d = 20,000 \times 0.8 = 16,000$원이다. 따라서 콜옵션의 수익은 $C_u = 4,000$원, $C_d = 0$이 될 것이다.

② $\Delta_C = \dfrac{4,000 - 0}{24,000 - 16,000} = 0.5$. 따라서 콜 1단위를 매도하고 주식 0.5주를 매입하면 된다.

③ 헤지포트폴리오의 수익은 $0.5 \times 24,000 - 4,000 = 8,000$이다. 그 수익률은 무위험이자율과 같아야 하기 때문에 $8,000/(0.5 \times 20,000 - C) = 1.05$. 따라서 $C = 2,381$원이다.

④ $P = C - S + PV(K) = 2,381 - 20,000 + 20,000/1.05 = 1,429$원

⑤ 옵션가격은 확률과는 무관하므로 변함이 없다.

18-2 주어진 $N(0.11)$과 $N(0.53)$의 값은 무시되어야 함.

① $d_1 = \left[\ln\left(\dfrac{S}{K}\right) + \left(r + \dfrac{\sigma^2}{2}\right)T\right]/\sigma\sqrt{T}$

$= \left[\ln\dfrac{25,000}{23,000} + \left\{0.1051 + \left(\dfrac{0.348^2}{2}\right)\right\}\cdot\dfrac{180}{365}\right]/(0.348)\sqrt{\dfrac{180}{365}} = 0.6755$

$d_2 = d_1 - \sigma\sqrt{T} = 0.6755 - (0.348)\sqrt{\dfrac{180}{365}} = 0.4311$

〈표 18-1〉에서 $N(0.65) = 0.7422$, $N(0.70) = 0.7580$이므로, 보간법에 의해

$N(0.6755) = N(0.65) + (255/500)[N(0.70) - N(0.65)] = 0.7503$. 같은 방법으로

$N(0.4311) = N(0.40) + (311/500)[N(0.45) - N(0.40)] = 0.6667$

② $C = S \cdot N(d_1) - K \cdot e^{-r \cdot T} \cdot N(d_2) = (25,000)(0.7503) - (23,000)e^{-0.1051\left(\frac{180}{365}\right)}(0.6667) = 4,198$원

③ $P = C - S + PV(K) = 4,198 - 25,000 + 23,000 \times e^{-0.1051\left(\frac{180}{365}\right)} = 1,036$원

④ 콜 1단위가 주식 1주를 살 수 있는 권리를 나타낸다고 하자. 콜델타가 0.7503이므로 주식 100주에 대해 콜 $100 \times (1/0.7503) = 133.28$단위를 매도하면 된다.

18-3 ① 주식과 콜옵션의 가격은 같은 방향으로 움직이기 때문에 헤지포트폴리오를 구성하려면 서로 반대포지션을 취하여야 한다. 콜옵션 1단위를 매도하는 데 대하여 주식 h주를 매입할 경우 헤지포트폴리오의 수익은 주가움직임에 관계없이 일정해야 하므로 $h \cdot U - C_U = h \cdot D - C_D$가 성립해야 한다. $C_U = 22,000$, $C_D = 0$이므로 $h(92,000) - 22,000 = h(64,000) - 0$의 관계로부터

$h = \dfrac{22,000 - 0}{92,000 - 64,000} = 0.7857$이다.

② 콜 1단위를 매도하고 주식 0.7857주를 매입하는 비용은 $0.7857 \times 80,000 - C = 62,857 - C$이다.

③ 헤지포트폴리오의 수익이 $0.7857 \times 92,000 - 22,000 = 50,284$원이므로 이것의 현가 $50,284/1.1 = 45,713$을 차입하고 주식 0.7857주를 매입하면 된다.

④ 콜옵션의 가격은 위의 합성포지션을 구성하는 비용과 같으므로
$0.7857 \times 80,000 - 45,713 = 17,143$원이다.

⑤ 주식과 풋옵션의 가격은 반대 방향으로 움직이기 때문에 헤지포트폴리오를 구성하려면 동일 포지션을 취하여야 한다. 풋옵션 1단위를 매입하는 데 대하여 주식 m주를 매입할 경우 헤지포트폴리오의 수익은 주가움직임에 관계없이 일정해야 하므로 $m \cdot U + P_U = m \cdot D + P_D$가 성립해야 한다. $P_U = 0$, $P_D = 6,000$이므로 $m(92,000) + 0 = m(64,000) + 6,000$의 관계로부터
$m = \dfrac{6,000 - 0}{92,000 - 64,000} = 0.2143$이다.
이때 헤지포트폴리오의 수익이 $0.2143 \times 92,000 + 0 = 19,716$원이므로 이것의 현가 $19,716/1.1 = 17,923$을 대출하고 주식 0.2143주를 공매입하면 풋옵션을 합성할 수 있다.
풋옵션의 가격은 이 합성포지션을 구성하는 비용과 같으므로 $17,923 - 0.2143 \times 80,000 = 779$원이다. [Check: $P = C - S + PV(K) = 17,143 - 80,000 + 70,000/1.1 = 779$]

⑥ 변함이 없다.

⑦ 옵션가격은 투자자의 위험에 대한 태도와 무관하게 결정된다. 따라서 위험회피성향이 커지더라도 옵션가치는 변화하지 않는다.

18-4

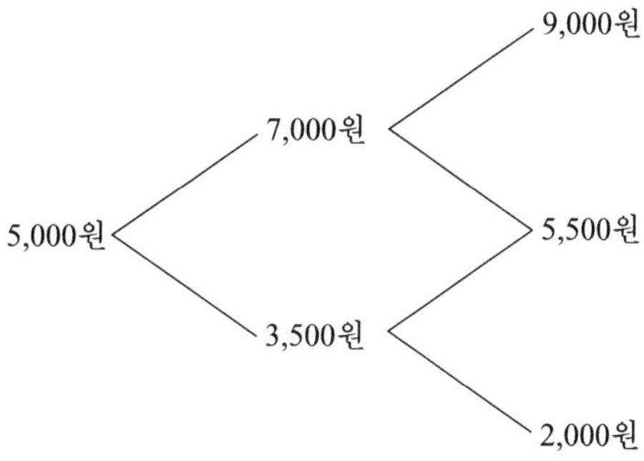

① 1년 후에 주가가 상승한 경우(7,000원)

$$\Delta = \frac{0 - 500}{9,000 - 5,500} = -0.1429,\ B = \frac{500 - 5,500 \times (-0.1429)}{1.03} = 1,248\text{원}$$

$P_U = -0.1428 \times 7,000 + 1,248 = 249$원

② 1년 후에 주가가 하락한 경우(3,500원)

$$\Delta = \frac{(500 - 4,000)}{5,500 - 2,000} = -1,\ B = \frac{4,000 - 2,000 \times (-1)}{1.03} = 5,825\text{원}$$

$P_D = -1 \times 3,500 + 5,825 = 2,325$원

③ 시점 0

$$\Delta=\frac{249-2,325}{7,000-3,500}=-0.5932,\ B=\frac{2,325.243-3,500\times(-0.5932)}{1.03}=4,273\text{원}$$

$$P=-0.5932\times 5,000+4,273\text{원}=1,307\text{원}$$

18-5 ① $\frac{(1/2)(22,000+13,000)}{15,000}-1=16.67\%$

② $q=\frac{(1+r_f)S-S_D}{S_U-S_D}=\frac{1.05\times 15,000-13,000}{22,000-13,000}=30.56\%$

18-6 ① $C=\frac{0.3056\times\max(22,000-20,000,0)+0.6944\times\max(13,000-20,000,0)}{1.05}=582\text{원}$

② $0.5\times\frac{2,000}{582}+0.5\times\frac{0}{582}-1=72.82\%$

③ $P=\frac{0.3056\times\max(20,000,-22,000,0)+0.6944\times\max(20,000-13,000,0)}{1.05}=4,629\text{원}$

④ $0.5\times\frac{0}{4,629}+0.5\times\frac{7,000}{4,629}-1=-24.39\%$

18-7 ① 블랙–숄즈모형을 이용하여 풋옵션의 델타를 구하면 $\Delta_P=-N(-d_1)=-0.2642$이다.
따라서 탄력성은 $\eta_P=(S/P)\cdot\Delta_P=(35,000/(3,625)(-0.2642)=-2.55$

② 풋옵션의 베타 = 풋옵션 탄력성 × 주식의 베타 = $-2.55\times 0.78=-1.989$

③ 기대수익률 = $3+5\times(-1.989)=-6.945\%$

④ 기대수익률이 음(−)이더라도 베타 또한 음이어서 베타가 높은 포트폴리오의 위험을 줄이기 위한 유용한 헤지수단이 되기 때문이다.

18-8 $d_1=\left[\ln\left(\frac{S}{K}\right)+\left(r+\frac{\sigma^2}{2}\right)T\right]/\sigma\sqrt{T}=\left[\ln\frac{55,000}{55,000}+\left\{0.05+\left(\frac{0.3^2}{2}\right)\right\}\cdot(1)\right]/(0.3)\sqrt{1}=0.3167$

$d_2=d_1-\sigma\sqrt{T}=0.3167-(0.3)(1)=0.0167$

[문제 18-2]에서와 같은 방법으로, $N(0.3167)=0.6243$, $N(0.0167)=0.5066$

$C=S\cdot N(d_1)-K\cdot e^{-r\cdot T}\cdot N(d_2)=(55,000)(0.6243)-(55,000)\,e^{-0.05(1)}\,(0.5066)=7,832\text{원}$

18-9 ① $\Delta_C=N(d_1)=N(0.3167)=0.6243$. 따라서 주식 624.3주를 공매하고 26,504,105원[= (55,000) $e^{-0.05(1)}$(0.5066) × 1,000]을 대출해야 한다(매도포지션이므로 매입포지션의 반대). 이때 비용은 $-624.3\times 55,000+26,504,105=-7,832,395$원이다. 즉 7,832,395원의 현금이 유입된다.

② 합성포트폴리오의 가치 = $-624.3\times 60,000+26,504,105=-10,953,895$원
주가가 60,000원으로 올라갈 때 콜옵션 매도포지션의 가치는 $-11,217\times 1,000=-11,217,000$원이다. 따라서 합성포지션의 가치는 콜매도포지션의 가치보다 2.35%[= {−10,953,895 − (−11,217,000)}/11,217,000] 높다. 절댓값으로 96.5%.

③ 주가가 60,000원으로 올라가면 델타도 올라가서 $N(d_1) = 0.7280$이 되고 $N(d_2) = 0.6204$가 된다. 합성포지션을 유지하려면 728주를 공매하고 32,457,850원[= (55,000) $e^{-0.05(1)}$(0.6204) × 1,000]을 대출해야 한다. 이때 포지션의 가치는 −11,222,149[= −728 × 60,000 + 32,457,850]이 되어 대략 콜매도포지션의 가치와 같다. 이러한 포지션을 구축하기 위해서는 주식 104주(= 728 − 624)를 더 공매하고 5,953,745원(= 32,457,850 − 26,504,105)만큼 대출을 늘린다.

제19장 옵션의 응용과 실물옵션

19-1 본문 539∼543쪽 참조

19-2 [그림 19-2] 참조

19-3 일반사채는 무위험채권에서 기업의 자산에 대한 풋옵션을 뺀 것과 같다고 해석하였다. 이러한 특성으로 인해 채권자는 옵션가치를 낮추는 것이 유리하고 기업이 위험이 작은 투자를 하기를 원한다. 반면 주주는 옵션가치를 높이는 것이 유리하고 위험이 큰 투자를 하기를 원하며 때로는 음(−)의 *NPV*를 갖는 투자안을 선택하기도 한다. 주주의 이러한 투자결정은 채권자로부터 주주에게로 부의 이전을 발생시킨다. 그러나 일반사채 대신에 전환사채를 발행하여 자금을 조달하는 경우 이러한 부의 이전효과는 상쇄될 수 있다. 전환사채권자는 채권자인 동시에 주주의 특성을 가지기 때문이다.

19-4 본문 551∼555쪽 참조

19-5 ① 전환권의 가치 = 전환가치 − 일반사채의 가치

$$\text{전환가치} = 3\text{만} \times 50\left(= \frac{100\text{만}}{2\text{만}}\right) = 150\text{만원}$$

$$\text{일반사채의 가치} = \Sigma_{t=1}^{10} \frac{150{,}000}{(1.1)^t} + \frac{1{,}000{,}000}{(1.1)^{10}} = 130.72\text{만원}$$

전환권의 가치 = 150만 − 130.72만 = 19.28만원

전환권의 가치는 전환가치(또는 주식가치)를 기초자산가격으로, 사채의 가치(또는 1주당 사채가치)를 행사가격으로 하는 콜옵션의 행사가치이다. 옵션의 만기일은 바로 전환권의 행사가능일이다.

② 전환사채의 가치는 일반사채의 시장가격과 전환가치 중 큰 것보다 더 커야 한다.

19-6 ① 일반채권이라면, $B_0 = \Sigma_{t=1}^{5} \frac{12{,}000}{(1.14)^t} + \frac{100{,}000}{(1.14)^5} = 93{,}134$원

② 주어진 자료에서 $S = 15{,}000$, $T = 3$, $\sigma = 0.4$, $r_f = 0.1$이다. 행사가격(K)은 전환권의 만기일에서의 일반사채의 가치를 구한 후 이를 전환비율로 나누어 준 값이 된다.

$B_3 = \frac{12{,}000}{1.14} + \frac{112{,}000}{(1.14)^2} = 96{,}707$원. 따라서 $K = 96{,}707/6 = 16{,}118$원. 이상의 자료와 블랙−숄즈 모형을 이용하면 콜옵션의 가치는 5,367원이다. [$d_1 = 0.6757$, $d_2 = -0.0171$]

③ 전환사채의 가치 = 일반사채의 가치 + 전환권의 가치 = 93,134 + 5,367 × 6 = 125,336원

19-7 우선 희석효과 고려 전의 신주인수권의 가치를 구해 보자. 문제로부터 $S = 25{,}000$, $K = 20{,}000$,

$T=5$, $\sigma=0.5$, $r_f=0.1$이다. 이를 블랙-숄즈 모형에 대입하면 콜옵션의 가치는 15,661원이다. [$d_1=1.2058$, $d_2=0.0878$]. 따라서 희석효과 고려 후의 신주인수권의 가치는 $15,661 \times \frac{200\text{만}}{200\text{만}+20\text{만}}=14,237$원이다.

19-8 ① $E(r_i)=r_f+[E(r_m)-r_f]\cdot\beta_i=10+(15-10)\times 1=15\%$

투자안의 가치 $=\frac{0.5\times 2,000\text{만}+0.5\times 800\text{만}}{1.15}=1,217$만원

$NPV=1,217\text{만}-1,180\text{만}=37$만원

이러한 방법은 체계적 위험만으로 투자안의 위험을 측정한 것으로 투자안의 비체계적 위험이 모두 제거되어 기업이 실물투자결정에서 체계적 위험에 대해서만 위험프리미엄을 얻을 수 있는 경우에만 타당하다. 그러나 금융자산과는 달리 실물투자안은 투자의 규모, 유동성, 만기 등 여러 가지 면에서 차이가 있어 체계적 위험에 대한 위험프리미엄만을 고려하는 것은 타당하지 못할 수 있다. 또 투자의 기간이 여러 기간인 경우 미래의 상황변화를 고려하여 매 시점의 베타(할인율)를 추정하여야 하나 이것 역시 적용이 매우 어렵다.

② 주식 A의 미래현금흐름은 투자안의 현금흐름의 1/400로서 상관계수가 +1이다. 따라서 효율적인 주식시장에서는 투자안의 가치평가를 위해 주식 A를 이용할 수 있다. 주식 A의 지금의 시장가격(28,000원)이 균형가격이라는 가정하에 적절한 할인율을 구해내면,

$$28,000=\frac{0.5\times 50,000+0.5\times 20,000}{1+k},\quad k=25\%$$

이에 따라 투자안의 가치를 평가하면,

$$PV=\frac{0.5\times 2,000\text{만}+0.5\times 800\text{만}}{1.25}=1,120\text{만원}.\ NPV=1,120\text{만}-1,180\text{만}=-60\text{만원}$$

③ 천하기업의 경영자가 가지고 있는 연기옵션은 투자안의 가치를 기초자산의 가치로, 1,298(1,180×1.1)만원을 행사가격으로 하는 콜옵션으로 해석할 수 있다. 이 시기선택권의 현금흐름을 나타내면 다음과 같다. 일단계 이항모형에 $U=2,000$만, $D=800$만, $C_U=702$만, $C_D=0$, $r_f=10\%$를 대입하면 $\Delta=\frac{C_U-C_D}{U-D}=\frac{702\text{만}-0}{2,000\text{만}-800\text{만}}=0.585$

$\frac{0.585\times 2,000\text{만}-702}{0.585\times 1,120\text{만}-C}=1.1$로부터 C를 구하면 $C=257.72$만원이다.

19-9 호경기의 수익이 180억원, 불경기의 수익이 60억원으로 수정되어야 함.

(i) 정부보증이 없을 경우 투자안의 가치

$$PV=\frac{0.5\times 180\text{억}+0.5\times 60\text{억}}{1.2}=100\text{억원}$$

(ii) 정부가 보증을 하면 현금흐름은 180억원의 확실한 현금흐름이 된다.

$$PV=\frac{180}{1.08}=166.67\text{억원}$$

따라서 정부보증의 가치는 (ii) − (i) = 66.67억원이다.

이는 투자안의 가치를 기초자산가격으로, 180억원을 행사가격으로 하는 풋옵션의 가치로 해석할 수 있다.

$$\text{풋옵션가치} = ? \begin{cases} \text{Max}[180-80,\ 0] = 0 \\ \text{Max}[180-60,\ 0] = 120\text{억} \end{cases}$$

이항모형을 이용하여 풋옵션의 가치를 계산하면 66.67억원을 얻는다.

19-10 ① (i) 자기자본의 가치는 기업의 가치를 기초자산으로 하고 사채의 액면가액을 행사가격(K)으로 하는 콜옵션으로 볼 수 있으므로 콜옵션의 가치평가모형에 따라 각 후보지별 자기자본의 가치를 평가하면 다음과 같다.

일산: 위험중립확률 $q = \dfrac{1.07 \times 800 - 200}{1,600 - 200} = 0.112$

$$C = \frac{q \times C_U + (1-q) \times C_D}{1 + r_f} = \frac{0.112 \times 700 + 0.888 \times 200}{1.07} = 239\text{억원}$$

분당: 위험중립확률 $q = \dfrac{1.07 \times 800 - 800}{1,300 - 800} = 0.4686$

$$C = \frac{0.4686 \times 1,000 + 0.5314 \times 0}{1.07} = 438\text{억원}$$

(ii) 타인자본의 가치는 기업가치에서 자기자본의 가치를 뺀 것이므로 각 후보지별로 타인자본의 가치는 다음과 같다.

일산: 800억 − 239억 = 561억원

분당: 800억 − 438억 = 362억원

② 채권자들은 파산가능성이 있는 분당을 선택하는 것보다는 어느 상황에서든 원리금을 확보할 수 있는 일산에 투자하려고 할 것이다. 주주들은 위험이 더 큰 분당에 투자함으로써 자신들의 부를 더 증가시킬 수 있으므로 분당에 투자하려고 할 것이다. 액면가액 600억원이라는 같은 조건의 채권이라 할지라도 이처럼 투자안의 불확실성을 고려하면 그 현재가치는 달라진다.

일산: 성공과 실패 두 경우 모두 기업가치가 타인자본가치를 초과하므로 1기 후 타인자본가치는 600억원으로 일정하다. 따라서 이 현금흐름은 확실한 현금흐름이므로 600억원을 무위험이자율로 할인하면 위에서 구한 561억원과 같은 결과를 얻을 수 있다.

분당: 1년 후 부채의 가치는 성공할 경우 600억원, 실패할 경우 200억원이다. 이와 같이 기업가치의 변동성이 커질수록 채권자지분의 가치는 떨어지게 된다.

주주들의 경우 주식의 가치는 기업가치를 기초자산으로 하는 콜옵션의 가치로 볼 수 있으므로 기초자산의 변동성이 커질수록 옵션의 가치가 커진다는 옵션의 성질에 따라 더 위험한 투자안을 선택하게 된다. 여기서 채권자와 주주의 이해상충이 발생하고 효율적인 시장에서 채권자들은 주주의 이러한 의도를 알고 있으므로 채권계약 시 더욱 높은 수익률을 요구하게 되어 부채비용이 상승하게 된다. 결국 이러한 위험유인에 따른 비용은 효율적인 시장에서는 주주에게 전가된다.

19-11 ① 기업가치가 2조 5천억원이 될 경우 ㈜기린은 채권자들에게 2조 2천억원을 지급하겠지만 1조 8천억원이 될 경우 1조 8천억원밖에 지급하지 못한다.

② 우선 위험중립확률을 구해 보자: $q = \dfrac{(2 \times 1.05)\text{조} - 1.8\text{조}}{2.5\text{조} - 1.8\text{조}} = 0.4286.$

따라서 위험채권(부채)의 가치는

$$\text{부채의 가치} = \frac{0.4286 \times 2.2\text{조} + 0.5714 \times 1.8\text{조}}{1.05} = 1.8776\text{조원}$$

③ $\dfrac{2.2\text{조}}{1.8776\text{조}} - 1 = 17.17\%$

④ 배당 전에 부채가 없기 때문에 자기자본의 가치는 기업가치와 같다. 따라서 2조원이다. 배당금의 가치는 부채와 같으므로 부채의 가치인 1.8776조원을 뺀 값인 1,224원이 배당지급 후 자본가치이다.

⑤ $\Delta_E = \dfrac{0.3\text{조} - 0}{2.5\text{조} - 1.8\text{조}} = 0.4286$

$$E = 0.4286 \times 2 - \frac{0.4286 \times 2.5\text{조} - 0.3\text{조}}{1.05} = 0.1224\text{조원 또는 } 1{,}224\text{억원}$$

19-12 HI산업의 자기자본은 4년만기 행사가격 600억원인 회사의 자산에 대한 콜옵션으로 볼 수 있다. 현재 자산의 시장가치는 2,500억 + 450억 = 2,950억원이다. 블랙-숄즈 공식의 변수들을 통해 엑셀의 해찾기 기능을 이용하여 자산의 내재변동성을 구하면 다음과 같다.

콜옵션 가치 = 2500억원, 행사가격 = 600억원, 주식가격 = 2,950억원, 만기 = 4년, $r = 4.55\%$

∴ $\sigma = 64.28\%$, $\Delta_E = N(d_1) = 0.9784$. 식 19.17을 이용하면

$$\beta_A = \frac{\beta_E}{\Delta_E\left(1 + \dfrac{D}{E}\right)} = \frac{1.3}{0.9784 \times \left(1 + \dfrac{450}{2{,}500}\right)} = 1.126$$

19-13 ① AA기업의 자본은 만기 5년의 행사가격 6,000억원인 자산에 대한 콜옵션이라고 볼 수 있다. 자본의 시장가치는 20,000원 × 1,500만주 = 3,000억원이며, 부채의 시장가치는 D = 6,000억 × $e^{-0.1 \times 5}$ = 3,639.18억원이다. 따라서 블랙-숄즈 공식에 의하면 기초자산가치 = $D + E$ = 6,639.18억원, K = 6,000억원, T = 5년, r_f = 5%이므로 AA기업 자산의 내재변동성은 38.25%이다. 이때 자기자본의 델타는 0.7991이다.

② ①에서 콜옵션의 델타가 0.7991이므로 식 19.18에 의해 수익성 지수는 $\dfrac{\beta_D \times D}{\beta_E \times E} = \dfrac{1 - \Delta_E}{\Delta_E} = \dfrac{1 - 0.7991}{0.7991} = 0.2514$를 초과하여야 한다. 달리 표현하면, 주주가 1원을 투자했을 때 NPV가 0.2514원이라면 이때 자산의 가치는 1.2514원만큼 증가한다. 이때 자본의 가치는 0.7991 × 1.2514 = 1원 증가하는 것이다.

③ 자산의 가치가 6,223억원이 되고 변동성이 38.25% + 8% = 46.25%가 될 때 콜옵션의 가치는 3,000억원을 갓 넘긴다. 따라서 NPV가 최소 6,223억 − 6,639.18억 = −416.18억원이 되면 주주들은 이익을 볼 수 있다.

19-14 ① 10% 성장(확률: 20%)

시점: 0 1 2 ⋯ 5 6 ⋯ 15

−1,000억 180억$(1.1)^2$ ⋯ 180억$(1.1)^5$ 180억$(1.1)^2(0.98)$ ⋯ 180억$(1.1)^2(0.98)^{10}$

$$NPV = 4\times 180 + \frac{1}{(1.1)^5}\left(\frac{180(1.1)^5(1-0.02)}{0.12}\right)\left[1-\left(\frac{0.98}{1.1}\right)^{10}\right] - 1{,}000 = 726.93\text{억원}$$

5% 성장 (확률: 80%)

시점: 0 1 2 ⋯ 5 6 ⋯ 15

−1,000억 180억$(1.05)^2$ ⋯ 180억$(1.05)^5$ 180억$(1.05)^2(0.98)$ ⋯ 180억$(1.05)^2(0.98)^{10}$

$$NPV = \frac{1}{1.1}\left(\frac{180(1.05)^5}{0.1-0.05}\left[1-\left(\frac{1.05}{1.1}\right)^4\right]\right) + \frac{1}{(1.1)^5}\left(\frac{180\,(1.05)^5(1-0.02)}{0.12}\right)\left[1-\left(\frac{0.98}{1.1}\right)^{10}\right]$$

$$-1{,}000 = 410.60\text{억원}$$

$\therefore NPV = 0.2\times 726.93\text{억} + 0.8\times 410.60\text{억} = 473.87\text{억원}$

② 성장률이 10%임을 알게 되었을 때 1시점의 NPV:

$$NPV = 3\times 180(1.1) + \frac{1}{(1.1)^4}\left(\frac{180(1.1)^5(1-0.02)}{0.12}\right)\left[1-\left(\frac{0.98}{1.1}\right)^{10}\right] - 1{,}000 = 701.62\text{억원}$$

성장률이 5%임을 알게 되었을 때 1시점의 NPV:

$$NPV = \frac{1}{1.1}\left(\frac{180(1.05)^3}{0.1-0.05}\left[1-\left(\frac{1.05}{1.1}\right)^3\right]\right) + \frac{1}{(1.1)^4}\left(\frac{180\,(1.05)^5(1-0.02)}{0.12}\right)\left[1-\left(\frac{0.98}{1.1}\right)^{10}\right]$$

$$-1{,}000 = 371.25\text{억원}$$

$\therefore NPV = [0.2\times 701.62\text{억} + 0.8\times 371.25\text{억}]/1.1 = 397.57\text{억원}$

③ 오늘 투자하는 전략의 NPV가 더 크기 때문에 기다리지 않고 바로 투자하는 것이 최적이다.

19-15 n시점에 제안된 프로젝트에서 창출되는 현금흐름은 다음과 같다.

시점: n $n+1$ $n+2$ $n+3$ ⋯

−10억 1억 $(1+g)$억 $(1+g)^2$억 ⋯

$$NPV_n(g) = \frac{1\text{억}}{0.1-g} - 10\text{억이므로}$$

$$NPV_n(g=2.5\%) = \frac{1\text{억}}{0.1-0.025} - 10\text{억} = 3.33\text{억원}$$

$$NPV_n(g=0\%) = \frac{1\text{억}}{0.1-0} - 10\text{억} = 0\text{원}$$

$$NPV_n(g=-0.25\%) = \frac{1\text{억}}{0.1+0.025} - 10\text{억} = -2\text{억원}$$

따라서 증가율이 2.5%이거나 0%일 때 이 투자를 진행할 것이며, 투자기회의 기대가치는 3.33억 ×1/3 = 1.11억원이다. 또한 프로젝트가 어떤 해에 진행될 확률이 0.75이므로 어떤 해의 투자기회의 기대가치는 1.11억×0.75 = 8,333만원이다. 성장가치는 영구연금의 흐름을 가지므로 모든 성장기회의 현재가치는 $\frac{8{,}333\text{만원}}{0.1} = 8.33$억원이다.

19-16 ① 더 큰 가치를 갖는다. 왜냐하면 M 씨는 28,000원에 주식을 팔 수 있는 풋옵션까지 보유하고 있기 때문이다.

② $S = 28{,}000,\ K = 28{,}000,\ T = 1,\ \sigma = 0.35,\ r = 0.0522$

$d_1 = 0.3241,\ d_2 = -0.0259$

$P = 28{,}000 \times e^{-0.0522} \times N(0.0259) - 28{,}000 \times N(-0.3241) = 3{,}120$원

따라서 이 제안의 가치는 28,000원 + 3,120원 = 31,120원이다.

19-17 잡화점의 가치는 모든 미래수익들의 현재가치와 사업중단 시 판매가격을 합한 것이다. 만약 수익이 10%씩 감소한다면, 미래수익이 0이기 때문에 사업을 중단하는 것이 올바른 판단이다. 따라서 이 경우의 잡화점의 가치는 10억원이다.

만약 수익이 8%씩 증가한다면, 시점 1에서 미래수익의 현재가치를 구해 보면,

$$PV = 20(1.08) - 18 + \frac{20\,(1.08) - 18}{0.12} = 33.6\text{억}$$

이 경우 계속해서 사업을 운영하는 것이 적절한 선택이다. 이를 시점 0에서 의사결정수로 표현하면 다음과 같다.

시점 0	시점 1
<	33.6억
	10억

따라서 기대수익의 현재가치를 구하면 $\frac{33.6\text{억} \times \frac{1}{2} + 10\text{억} \times \frac{1}{2}}{1.12} = 19.46$억원

19-18 ①

시점:	0	1	2	···	60	61	···	96
리스		150만	150만	···	150만			
구입	−1억	270만	270만	···	270만		···	270만

자본조달비용을 월 이율로 환산해 보면, $(1.1)^{\frac{1}{12}} - 1 = 0.00797\ r = 0.797\%$

$$NPV_{\text{리스}} = \frac{150\text{만}}{0.00797}\left(1 - \frac{1}{(1.00797)^{60}}\right) = 7{,}131.60\text{만원}$$

$$NPV_{\text{구입}} = -100{,}000{,}000 + \frac{270\text{만}}{0.00797}\left(1 - \frac{1}{(1.00797)^{96}}\right) = 8{,}066.92\text{원}$$

② 리스의 연간균등이익은 150만원이다.

구입의 경우의 연간균등이익을 구하면, $\frac{X}{0.00797}\left(1 - \frac{1}{(1.00797)^{96}}\right) = 8{,}066.92$만

$\therefore X = 120.56$만원

③ 리스계약을 한 후 5년이 지났을 때 버스를 사는 선택의 *NPV*는

$$NPV = -50,000,000 + \frac{150\text{만}}{0.00797}\left(1 - \frac{1}{(1.00797)^{36}}\right) = -321.69\text{만원}$$

$$\text{또는 } NPV = -30,000,000 + \frac{1,500,000}{0.00797}\left(1 - \frac{1}{(1.00797)^{36}}\right) = 1,678.31\text{만원}$$

따라서 리스계약 만료 후 버스를 구입하는 것의 기대가치는 $0.5 \times (-321.69\text{만} + 1,678.31\text{만})$ $= 678.31$만원이고 $PV = \frac{678.31\text{만}}{(1.00797)^{60}} = 421.28$만원이다. 따라서 리스의 경우 $NPV = 7,131.60$만 $+ 421.28$만 $= 7,552.88$만원이다. 이는 처음부터 버스를 구입하는 것의 *NPV*인 8,066.92만원보다 작다. 따라서 버스를 구입하는 것이 옳은 선택이다.

19-19 ① $-100\text{억} - 350\text{억} + 0.06 \times 0.2 \times \frac{2\text{조}}{1.05^5} = -261\text{억 } 9,537\text{만원}$

② 식 19.20에서 제시한 투자순서를 결정하는 비율을 구해 보자.

효능을 높이는 연구의 경우, $\frac{\left(1 - \frac{0.06}{1.05^2}\right)}{100} = 0.00946$

부작용을 줄이는 연구의 경우, $\frac{\left(1 - \frac{0.2}{1.05^2}\right)}{350} = 0.00241$

따라서 효능을 높이는 연구를 먼저 시행하는 것이 합리적인 선택이다.

③ 효능을 높이는 연구가 성공했을 때 나머지 연구를 시행하는 것의 *NPV*는 $-350\text{억} + 0.2 \times \frac{2\text{조}}{1.05^5} = 2,784.10$억원

따라서 최종 *NPV*는 $-100\text{억} + 0.06 \times \frac{2,784.10}{1.05^2} = 51.52$억원이다.

제20장 부채 및 자기자본의 조달

20-1 본문 572~573쪽 참조

20-2 본문 593~594쪽 참조

20-3 본문 580~582쪽 참조

20-4 본문 582, 589쪽 참조

20-5 본문 577~582쪽 참조

20-6 본문 582~587, 572~573쪽 참조

20-7 본문 586~589쪽 참조

20-8 ① 신주 1주 인수를 위한 구주의 수(신주인수권) $= \frac{1,000,000}{100,000} = 10$주

식 20.3을 이용하면

신주인수권의 이론적 가치 $= \frac{2,000 - 1,600}{10 + 1} = 36.36$

② 권리락 후 신주의 가치 $= \frac{2,000 \times 1,000,000 + 1,600 \times 100,000}{1,100,000} = 1,963.64$

③ 기업가치 $= 1,963.64 \times 1,100,000 = 2,160,004,000$원

20-9 ① 신주인수권부사채 = 일반사채 + 신주인수권

조건이 동일한 일반사채의 가격

발행가격 $= 250,000 \times PVFA(10\%, 5년)$

$+ 5,000,000 \times PVF(10\%, 5년)$

$= 4,052,300$원

신주인수권의 가치 $= 5,200,000 - 4,052,300 = 1,147,700$

② $x \times 1.85 = 45,000, \quad x = 24,000$원

③ 주가가 상승할 것으로 예상했기 때문에, 즉 주가가 인수가격보다 높게 상승할 것이라고 예상할 경우 신주인수권부 사채를 구입할 것이다. 이것은 콜옵션을 매입한 것과 같은 효과가 있다.

20-10 ① $V_0 = \sum_{t=1}^{5} \frac{100,000}{(1.12)^t} + \frac{1,000,000}{(1.12)^5} = 927,904$원

② 수의상환채권의 가격을 V_0^*, 일반채권의 가격을 V_0라 하자. 2년도 말에 시장이자율이 8%로 하락할 경우에, 2년도 말의 일반채권의 가치는 $\sum_{t=1}^{3}\frac{100,000}{(1.08)^t}+\frac{1,000,000}{(1.08)^3}=1,051,542$원이다. 이 경우 천하기업은 채권을 수의상환하지 않을 것이다. 따라서 일반채권의 가치와 수의상환채권의 가치는 동일하게

$V_0=V_0^*=\sum_{t=1}^{2}\frac{100,000}{(1.12)^t}+\frac{1,051,542}{(1.12)^2}=1,007,288$원이다.

③ 이자율이 2년도 말에 6%로 하락한 경우에, 2년도 말의 일반채권의 가치는 $\sum_{t=1}^{3}\frac{100,000}{(1.06)^t}+\frac{1,000,000}{(1.06)^3}=1,106,920$원이다.

$1,106,920>1,100,000$이므로 천하기업은 채권을 수의상환할 것이므로, 이 경우 수의상환채권의 0시점의 가격은

$V_0^*=\sum_{t=1}^{2}\frac{100,000}{(1.12)^t}+\frac{1,100,000}{(1.12)^2}=1,045,918$원이다. 그리고 일반채권의 가격은

$V_0=\sum_{t=1}^{2}\frac{100,000}{(1.12)^t}+\frac{1,106,920}{(1.12)^2}=1,051,435$원이다.

20-11 ① 전환비율 $=\frac{600,000}{15,000}=40$

② 전환가치 $=40\times20,000=800,000$원

③ 투자자들의 향후 주가의 상승에 대한 기대 때문이다.

④ 조기상환해야 한다.

전환사채의 가치가 조기상환금액보다 높기 때문에 기업은 채권을 조기상환하려 할 것이다. 이 경우 채권자는 수의상환가격 700,000원을 받게 된다. 따라서 채권자들은 전환권을 행사하여 주식으로 전환하려 할 것이다. 전환가치가 수의상환가격보다 크기 때문이다. 결국 채권자들이 확보하게 되는 금액은 전환가치 800,000원이다.

20-12 ① 네 번째 우선주발행 전의 주식수는 $5,000,000+800,000+700,000=6,500,000$주이고 네 번째 우선주발행가격이 3,300원이므로 발행 전 기업가치는 6,500,000주 × 3,300원 = 21,450,000,000원(214억 5천만원)이다.

② 네 번째 우선주발행 후 기업가치: 네 번째 우선주발행 후 주식수는

$6,500,000+500,000=7,000,000$주이므로 발행 후 기업가치는 7,000,000주 × 3,300원 = 23,100,000,000원(231억원)이다.

③ 마지막 우선주발행 후 현수의 지분비율은 $\frac{5,000,000}{7,000,000}=71.43\%$이다.

20-13 ① 다른 기업들의 기업공개 시에 이용한 *PER*(20배)를 영숙이가 기업공개를 위한 주식발행가격으로 이용하려 할 때 주식가격은 다음 식을 만족시켜야 한다.

20 = 기업가치/예상순이익. 예상순이익이 92억원이므로 기업가치는 1,840억원이다.

기업공개 이전 총발행주식수 = 1,000,000 + 500,000 + 2,000,000 + 500,000 = 4,000,000

기업공개 시 새로 발행하는 주식수 = 7,000,000

기업공개 후 총주식수 = 11,000,000주

$\therefore$ 주가 = $\frac{1,840\text{억원}}{11,000,000\text{주}}$ = 16,727원

② 기업공개 이후 영숙이는 11,000,000주의 발행주식 중 1,000,000주를 소유하고 있기 때문에 지분율은 $\frac{1,000,000}{11,000,000}$ = 9.09%가 된다.

20-14 본문 594~595쪽 참조

20-15 ① 기업공개일의 평균주식수익률:

$0.1\times100\%+0.75\times15\%+0.15\times(-15\%)=19\%$

② P 씨의 평균투자액 = $12,000\times(0.1\times100+0.75\times400+0.15\times1,500)=6,420,000$원

평균투자이익 = $0.1(100\times12,000\times100\%)+0.75(400\times12,000\times15\%)$
$+0.15(1,500\times12,000\times(-15\%))=255,000$원

평균수익률 = $\frac{255,000}{6,420,000}=3.97\%$

20-16 ① 유상증자를 통한 자금조달액

$\frac{10,000,000\text{주}}{5}\times34,000$원 = 68,000,000,000원(680억원)

② 유상증자 직후 주가

유상증자 후 주식수는 1,200만주이고 시가총액은 3,400억 + 680억 = 4,080억원이다.

따라서 주가는 $\frac{4,080\text{억원}}{1,200\text{만주}}$ = 34,000원이다.

③ 새로운 계획하에서의 자금조달액

10,000,000주 × 6,800원 = 68,000,000원(680억원)

④ 유상증자 직후 주가

$\frac{4,080\text{억원}}{2,000\text{만주}}$ = 20,400원

⑤ 주주 입장의 평가:

첫 번째 방법에서 주식은 한 주당 34,000원의 가치를 갖고, 권리를 행사하는 것의 *NPV*는 0이므로 총주식가치는 34,000원이다. 두 번째 경우에서 주식은 20,400원의 가치를 갖지만 주식을 매수할 수 있는 권리는 20,400원 − 6,800원 = 13,600원의 가치를 갖는다. 따라서 이 경우 역시 주식의 총 가치는 34,000원이다. 따라서 두 경우의 주식의 가치가 같으므로 주주들의 이익도 같다. 하지만 두 번째 방법이 계획한 금액을 모두 조달하는 데 성공할 가능성이 더 높다.

두 번째 방법의 경우 주주들이 권리를 행사할 경우 이익이 실현되므로 행사할 가능성이 높은 반면 첫 번째의 경우 행사하는 것과 행사하지 않는 것이 무차별하므로 성사될 가능성이 더 낮다.

20-17 본문 590~593쪽 참조

20-18 본문 601쪽 참조

20-19 본문 601~602쪽 참조

20-20 본문 605~607쪽 참조

20-21 본문 608쪽 참조

제21장 리스금융, 프로젝트금융, 벤처캐피탈

21-1 본문 617~622쪽 참조

21-2 본문 619쪽 참조

21-3 본문 623~625쪽 참조

21-4 리스를 하는 경우의 현금지출의 현가가 자산구입에 따른 현금지출의 현가와 같아지도록 하는 리스료를 구하면 된다.

① 리스 시 순현금지출액의 현가. 리스료를 x라 하면,
$-x(1-0.2)\times PVFA(10\%,\ 5\text{년})$

② 자산구입 시 순현금지출액의 현가
$-6{,}000+1{,}000\times 0.2\times PVFA(10\%,\ 5\text{년})+1{,}000\times PVF(10\%,\ 5\text{년})=-4{,}620$만원

①과 ②를 같게 하는 $x=1{,}523$만원이다.

21-5 자산을 직접 구입하여 사용하든 리스를 이용하든 영업이익은 동일하므로 리스-구입의 증분현금흐름을 비교한다.

① 직접구입 시 증분현금흐름의 현재가치
직접구입 시 리스에 비해 갖는 증분현금흐름은 구입가격과 감가상각비의 감세효과, 그리고 잔존가치이다.
$-4.5\text{억}+0.8\times 0.3\times PVFA(10\%,\ 5\text{년})+0.5\times PVF(10\%,\ 5\text{년})$
$=-3.2798$억원

② 리스 시 증분현금흐름의 현재가치
리스 시 증분현금흐름은 리스료지출에 따른 현금흐름이다.
$-1.5\text{억}\times(1-0.3)\times PVFA(10\%,\ 5\text{년})=-3.9803$억원
∴ 직접구입이 더 유리하다.

21-6 직접구입 시 현금흐름의 현재가치 $=-3.2798$억원
리스 시 현금흐름의 현가 $=-3.9803\text{억}+0.2\text{억}\times PVFA(10\%,\ 5\text{년})$
$+0.5\text{억}\times(1-0.3)\times PVF(10\%,\ 5\text{년})$
$=-3.0048$억원
∴ 리스를 하는 것이 더 유리하다.

21-7 조정현가법에 의하여 풀어보면, 리스의 현금흐름은 부채의 현금흐름과 그 성격이 같으므로 세후 타인자본비용을 할인율로 사용한다.

세후타인자본비용 = 15% × (1 − 0.4) = 9%

리스의 순현가 = 기계의 구입가격 − 감가상각비 감세효과의 현가

− 잔존가치의 현가 − 세후리스료의 현가

$= 5\text{억} - 0.8\text{억} \times 0.4 \times PVFA(9\%, 5\text{년})$

$-PVF(9\%, 5\text{년}) \times 1\text{억}$

$-1.2\text{억} \times 0.6 \times PVFA(9\%, 5\text{년})$

$= 5\text{억} - 0.8 \times 0.4 \times 3.8897 - 1\text{억} \times 0.6499$

$-1.2\text{억} \times 0.6 \times 3.8897$

$= 0.3048\text{억원}$

∴ 리스는 경제성이 있다.

21-8 ① 5년 리스계약의 무위험 월 리스료

$PV(\text{리스료}) = \text{구입가격} - PV(\text{잔여가치})$

$$PV(\text{리스료}) = 3{,}200{,}000 - \frac{1{,}000{,}000}{\left(1 + \frac{0.05}{12}\right)^{60}} = 2{,}420{,}795\text{원}$$

첫 번째 리스료 납부는 시점 1부터 시작된다고 하면

$$2{,}420{,}795 = L \times \frac{1}{0.05/12}\left(1 - \frac{1}{\left(1 + \frac{0.05}{12}\right)^{60}}\right)$$

$L = 45{,}684\text{원}$

② 월 상환액(M)

$PV(\text{대출상환금}) = \text{구입가격}$

$$3{,}200{,}000 = M \times \frac{1}{0.05/12}\left(1 - \frac{1}{\left(1 + \frac{0.05}{12}\right)^{60}}\right)$$

$M = 60{,}388\text{원}$

21-9 $$PV(\text{잔여가치}) = 17\text{억원} - 1{,}600\text{만원}\left(\frac{1}{0.05/12}\left(1 - \frac{1}{\left(1 + \frac{0.05}{12}\right)^{96}}\right)\right)$$

$= 436{,}168{,}950\text{원}$

$$\therefore FV(\text{잔여가치}) = 436{,}168{,}950\text{원} \times \left(1 + \frac{0.05}{12}\right)^{96} = 650{,}147{,}098\text{원}$$

21-10 ① 리스의 부채대체효과

굴삭기를 구입하는 경우 라임건설은 현재 시점에서 6,500만원을 지불하고, 이후 매년 1,300만원의 감가상각비를 계상한다. 따라서 매년 1,300만원×40%=520만원의 감가상각비 감세효과가 발생한다.

리스계약을 체결하는 경우 세후리스료는 1,630만원×(1－0.4)=978만원이다. 첫 리스료가 시점 1에 지급된다고 하면, [리스－구입]의 현금흐름은 0시점에는 6,500만원, 1년~5년까지의 기간에는 －1,498만원(=－978만원－520만원)이다.

1년~5년의 기간에 발생하는 [리스－구입]의 현금흐름의 현가가 바로 리스의 부채대체효과가 된다. 현가 계산에 적용되는 이자율은 라임건설의 세후차입이자율이므로 7%(1－0.4)=4.2%이다.

$$\text{차입금액} = \frac{-1{,}498\text{만}}{1.042} + \frac{-1{,}498\text{만}}{1.042^2} + \frac{-1{,}498\text{만}}{1.042^3} + \frac{-1{,}498\text{만}}{1.042^4} + \frac{-1{,}498\text{만}}{1.042^5}$$

$$= -6{,}631\text{만원}$$

따라서 리스를 하는 것은 6,631만원을 차입하여 굴삭기를 구입하는 것과 같은 현금흐름을 가진다.

② 만약 라임건설이 리스를 한다면 시점 0에 자산의 구입비용인 6,500만원을 지불할 필요가 없다. 따라서 현 시점의 [리스－구입]의 현금유입은 6,500만원이다. 그러나 리스를 하는 경우 라임건설은 현 시점에서 6,631만원의 부채사용을 줄여야 한다. 이는 현금지출이다. 그러므로 [리스－구입]의 순현가는 6,500만원－6,631만원=－131만원이다. 라임건설은 구입하는 것을 선호할 것이다.

21-11 본문 625~627쪽 참조

21-12 본문 625~626쪽 참조

21-13 본문 628쪽 참조

21-14 본문 629~632쪽 참조

21-15 본문 630쪽 참조

21-16 본문 631쪽 참조

제22장 운전자본관리

22-1 본문 641~642쪽 참조

22-2 본문 652~653쪽 참조

22-3 본문 648쪽 참조

22-4 ① 공격적 투자정책

유동자산 = 10억원 × 0.2 = 2억원

고정자산 = 5억원

부채 = (2 + 5) × 0.6 = 4.2억원

자기자본 = (2 + 5) × 0.4 = 2.8억원

영업이익	1.2억원
이자비용	0.42억원(4.2 × 0.1)
세전순이익	0.78억원
법인세	0.312억원
세후순이익	0.468억원

∴ 자기자본순이익률의 기대치 = $\frac{0.468}{2.8}$ = 16.71%

② 중간적 투자정책

유동자산 = 10억원 × 0.4 = 4억원

고정자산 = 5억원

부채 = (4 + 5) × 0.6 = 5.4억원

자기자본 = (4 + 5) × 0.4 = 3.6억원

영업이익	1.2억원
이자비용	0.54억원(5.4 × 0.1)
세전순이익	0.66억원
법인세	0.264억원
세후순이익	0.396억원

∴ 자기자본순이익률의 기대치 = $\frac{0.396}{3.6}$ = 11%

③ 보수적 투자정책

유동자산 = 10억원 × 0.6 = 6억원

고정자산 = 5억원

부채 = (6 + 5) × 0.6 = 6.6억원

자기자본 = (6 + 5) × 0.4 = 4.4억원

영업이익 이자비용	1.2억원 0.66억원(6.6 × 0.1)
세전순이익 법인세	0.54억원 0.216억원
세후순이익	0.324억원

∴ 자기자본순이익률의 기대치 $= \dfrac{0.324}{4.4} = 7.36\%$

22-5 「1/10, net 25」의 조건으로 신용거래를 할 때 매입채무를 10일 안에 갚아 1%의 현금할인을 받는다면, 로만가구는 매입대금의 99%를 15일 동안 이용할 수 있는 기회를 포기하는 것이다. 15일의 기간에 대한 이 현금할인조건의 이자율은 $\dfrac{1\%}{(1-0.01)} = 1.01\%$이고, 이를 연율화하면 $EAR = (1.0101)^{\frac{365}{15}} - 1 = 27.7\%$이다. 문제에서 은행의 이자율이 12%이므로 은행에서 돈을 빌려 현금할인을 받는 것이 유리한 결정이다.

22-6 영업이익의 증가 $= \Delta S\left(1 - \dfrac{V}{P}\right) \times 30$일

$= 2{,}000 \times 0.2 \times 30 = 12{,}000$(만원)

투자액의 증가 $= (CP_2 - CP_1)S_1 + (S_2 - S_1) \cdot CP_2 \cdot \dfrac{V}{P}$

$= (30 - 20) \times 2{,}000 + (4{,}000 - 2{,}000) \times 30 \times 0.8$

$= 68{,}000$(만원)

투자액증가분에 대한 이자비용 $= \Delta I \cdot r = 68{,}000 \times \left(0.2 \times \dfrac{1}{12}\right)$

$= 1{,}133$(만원)

대손증가분 $= \Delta S \times 30$일 $\times 0.03 = 1{,}800$(만원)

회수비용증가분 $= \Delta S \times 30$일 $\times 0.02 = 1{,}200$(만원)

∴순이익증가분 $= 12{,}000 - 1{,}133 - 1{,}800 - 1{,}200 = 7{,}867$(만원)

즉, 월 7,867만원의 순이익증가가 발생한다. 따라서 신용기간을 연장해야 한다.

22-7 대금 청구 · 회수업체를 아웃소싱함으로써 생기는 효익은 ㈜하루가 직접 업무를 수행할 때에 비하여 회수기간이 단축됨으로써 발생하는 조기회수액의 이용에 따른 이익이다. 일 평균 회수금액은 150만원이고 회수기간이 15일 단축된다면 ㈜하루는 회수기간 단축에 따라 추가적으로 150만원 × 15 = 2,250만원의 여유금액을 이용할 수 있다. 연표시이자율이 8%이므로 월 이자율은 $1.08^{\frac{1}{12}} - 1 = 0.643\%$이다. 여유자금 운용에 따라 얻을 수 있는 이익은 월 2,250만원 × 0.643% =

14.5만원이다. 대금 회수업체가 요구하는 금액은 월 32만원이므로 ㈜하루는 대금 회수업체를 고용하지 않을 것이다. ㈜하루가 대금 회수업체를 고용하기 위해 필요한 조건은 여유자금 이용에 따른 월 이익 발생액이 최소 32만원이 되어야 하므로, 32만원/0.00643 = 49,735,546원 이상의 여유자금이 발생하는 경우이다.

22-8 ① 평균재고자산 $= \dfrac{3,000 + 4,000}{2} = 3,500$

재고자산 회전율 $= \dfrac{\text{매출원가}}{\text{평균재고자산}} = \dfrac{8,500}{3,500} = 2.43$

재고자산 회전기간 $= \dfrac{365}{2.43} = 150$일 …… i)

평균외상매출금 $= \dfrac{2,500 + 3,100}{2} = 2,800$

매출채권 회전율 $= \dfrac{10,500}{2,800} = 3.75$

매출채권 회전기간 $= \dfrac{365}{3.75} = 97$일 …… ii)

영업사이클 = i) + ii) = 247일

② 현금전환 사이클 = 영업사이클 − 외상매입금 회전기간

평균외상매입금 $= \dfrac{1,000 + 1,500}{2} = 1,250$

매입채무 회전율 $= \dfrac{8,500}{1,250} = 6.8$

외상매입금 회전기간 $= \dfrac{365}{6.8} = 54$일

현금전환 사이클 = 247 − 54 = 193일

22-9 i) 지급 플로트 = 500억원 × 3일 = 1,500억원

ii) 회수 플로트 = 300억원 × 5일 = 1,500억원

iii) 순 플로트 = i) − ii) = 0

따라서 기업은 플로트에 따른 유동성 증가나 상실이 없다.

22-10 영업이익의 증가 $= \Delta S\left(1 - \dfrac{V}{P}\right) \times 30$일

$= 200 \times 0.4 \times 50 = 4,000$(만원)

투자액의 증가 $= (CP_2 - CP_1)S_1 + (S_2 - S_1) \cdot CP_2 \cdot \dfrac{V}{P}$

$= (50 - 30) \times 200 + (400 - 200) \times 50 \times 0.6 = 10,000$(만원)

투자액증가분에 대한 이자비용 $= \Delta I \cdot r = 10,000 \times 0.03 = 300$(만원)

대손증가분 = $\Delta S \times 50$일 $\times 0.15 = 1,500$(만원)

회수비용증가분 = $\Delta S \times 50$일 $\times 0.05 = 500$(만원)

$\therefore$ 순이익증가분 = $4,000 - 300 - 1,500 - 500 = 1,700$(만원)

즉, 월 1,700만원의 순이익증가가 발생한다. 따라서 신용기간을 연장해야 한다.

22-11 ① 재고자산 보유기간 = $\dfrac{\text{연평균 재고자산}}{\text{일평균 매출원가}} = \dfrac{50\text{억}}{190\text{억}/365} = 96.05$일

재고자산 회전율 = $\dfrac{\text{매출원가}}{\text{연평균 재고자산}} = \dfrac{190\text{억}}{50\text{억}} = 3.8$회

② 재고자산 보유기간 = $\dfrac{365\text{일}}{\text{재고자산 회전율}}$의 관계를 가지므로, 73일의 보유기간을 위해서는 회전율이 5회가 되어야 한다. 이때 평균재고자산은 $\dfrac{190\text{억}}{5} = 38$억원이다. 따라서 재고자산 잔액을 현재보다 12억원 줄여야 한다.

제23장 단기자금조달과 재무계획

23-1 ① 보유현금은 변화가 없고, 순운전자본은 1억원 감소한다.

② 보유현금은 3억원 증가. 순운전자본은 불변

③ 보유현금은 불변, 순운전자본은 5억원 증가

④ 보유현금은 15억원 증가. 순운전자본은 15억원 감소(단, 유동부채 계산 시 영업활동과 관련한 부채만 포함하는 경우에는 순운전자본의 변화는 없다.)

⑤ 보유현금은 3억원 증가. 순운전자본은 불변

⑥ 보유현금은 3억원 감소. 순운전자본은 불변

23-2 본문 674~675쪽 참조

23-3 (1) 현금수입예측

(단위: 천원)

	11월	12월	1월	2월	3월	4월	5월	6월
① 매출액	5,250	6,000	2,250	3,000	3,000	4,500	3,750	3,000
② 현금매출	1,575	1,800	675	900	900	1,350	1,125	900
③ 외상매출	3,675	4,200	1,575	2,100	2,100	3,150	2,625	2,100
④ 1개월 내 회수		2,205	2,520	945	1,260	1,260	1,890	1,575
⑤ 2개월 내 회수			1,470	1,680	630	840	840	1,260
현금수입(②+④+⑤)			4,665	3,525	2,790	3,450	3,855	3,735

(2) 현금지출예측

	12월	1월	2월	3월	4월	5월	6월
① 매출원가	4,800	1,800	2,400	2,400	3,600	3,000	2,400
② 현금지급		4,800	1,800	2,400	2,400	3,600	3,000
③ 임금		450	600	750	750	525	600
④ 기타 비용		10	10	10	760	10	460
현금지출(②+③+④)		5,260	2,410	3,160	3,910	4,135	4,060

(3) 현금예산

	1월	2월	3월	4월	5월	6월
현금수입	4,665	3,525	2,790	3,450	3,855	3,735
현금지출	5,260	2,410	3,160	3,910	4,135	4,060
순현금흐름	(595)	1,115	(370)	(460)	(280)	(325)

23-4 이자를 선지급하는 경우 이용가능한 대금은 9억원이므로 실제 부담하는 연간차입이자율은 1억원/9억원 = 11.11%이다.

23-5 매월의 원리금균등상환액을 x라 하면 $x = \frac{11억원}{12} = 91,666,667$원이다. 서울기업이 부담하는 실제 월 차입이자율은 다음 식을 만족시키는 r이다.

$10억원 = \sum_{t=1}^{12} \frac{91,666,667}{(1+r)^t} = 91,666,667\left[\frac{1}{r} - \frac{1}{r \times (1+r)^{12}}\right]$에서 r을 구하면 $r = 1.5\%$이다.

이를 연율화하면 $(1.015)^{12} - 1 = 19.56\%$이다.

23-6 실제 이자율 = 10%/(1 − 0.25) = 13.33%

23-7 3개월간의 이자율 = 1억원/99억원 = 1.10%. 따라서 연이자율 = $(1.0101)^{12} - 1 = 12.81\%$

23-8 먼저 순운전자본의 변동액을 구하면 다음과 같다.

(단위: 백만원)

	1월	2월	3월	4월	5월	6월
매출채권	1.5	1.5	1.5	3	4.5	−6
재고자산	−1.5	3	1.5	0	−1.5	−3
매입채무	0	0	0	0	0	0
순운전자본변동액	0	4.5	3	3	3	−9

위의 표에 따르면 2번째 월의 운전자본 수요가 가장 큰 것을 알 수 있다.

매월의 잉여현금은 다음 표와 같이 구할 수 있다.

(단위: 백만원)

	1월	2월	3월	4월	5월	6월
세후영업이익	15	18	22.5	37.5	45	27
+감가상각비	4.5	4.5	4.5	6	7.5	6
영업현금흐름	18	22.5	27	43.5	52.5	33
−순운전자본변동액	0	−4.5	−3	−3	−3	+9
−이자비용	−1.5	0	0	−1.5	0	0
=잉여현금흐름	16.5	18	24	39	49.5	42

23-9 세 대안의 자본비용을 구해 보자.

대안 1: 30일 동안의 이자율은 $\frac{3\%}{(1-0.03)}=3.093\%$이므로 이를 연율화하면 $EAR=(1.03093)^{\frac{365}{30}}-1=44.86\%$이다.

대안 2: 형제산업은 대출수수료까지 포함한 금액인 2,020만원을 차입해야 한다. 또한 차입금액 액면가의 5%를 보증금으로 납부해야 하므로 형제산업은 총 $\frac{2,020\text{만원}}{1-0.05}=2,126$만 3,158원을 차입해야 한다. DD은행의 연표시이자율은 12%이므로 40일간의 대출이자는 $12\%\times\frac{40}{365}\times 21,263,158=279,625$원이다. 또한 대출수수료는 추가적인 이자율과 마찬가지이므로 40일간의 총대출이자는 $279,625+200,000=479,625$원이다. 따라서 40일 동안의 실제 이자율은 $\frac{479,625}{20,000,000}=2.398\%$이며 이를 연율화하면 $EAR=(1.02398)^{\frac{365}{40}}-1=24.14\%$이다.

대안 3: 이 경우 대출수수료까지 포함하여 2,020만원을 차입해야 하며 연표시이자율 15%를 40일 간의 이자율로 환산하면 $15\%\times\frac{40}{365}=1.644\%$이다. 따라서 40일 동안의 이자는 $20,200,000\times 0.01644=332,088$원이며 여기에 대출수수료를 더하면 40일간의 총대출이자는 $332,088+200,000=532,088$원이다. 따라서 40일 동안의 이자율은 $\frac{532,088}{20,000,000}=2.66\%$이며 이를 연율화하면 $EAR=(1.0266)^{\frac{365}{40}}-1=27.07\%$이다.

따라서 대안 2가 가장 저렴한 자금조달방법이다.

23-10 1개월 동안의 이자율은 $\frac{10\%}{12}=0.833\%$이므로 한라기업은 100억원에 대한 이자로 100억원$\times 0.833\%=83,300,000$원을 지불해야 한다. 또한 여기에 수수료인 2,000만원을 더하면 총이자비용은 103,300,000원이 된다. 그러므로 한 달 동안 한라기업이 부담하는 이자율은 $\frac{103,300,000}{10,000,000,000}=1.033\%$이고 이를 연율화하면 $EAR=(1.01033)^{12}-1=13.13\%$이다.

제24장 합병과 취득

24-1 본문 684∼686쪽 참조

24-2 본문 700∼703쪽 참조

24-3 본문 688∼691쪽 참조

24-4 본문 688∼692쪽 참조

24-5 본문 686∼687쪽 참조

24-6 본문 694∼695쪽 참조

24-7 본문 703∼705쪽 참조

24-8 $V_A = 500$억원, $V_B = 200$억원, 합병 후 기업가치 $V_{AB} = 800$억원, 인수가격 = 250억원
시너지 = $V_{AB} - (V_A + V_B) = 100$억원
M&A 프리미엄 = 인수가격 − V_B = 250억원 − 200억원 = 50억원
M&A의 순현가 = 시너지 − M&A프리미엄 = 50억원

24-9 ① 시너지 = $\frac{5{,}000\text{만원}}{0.1}$ = 5억원

② 인수 후 기업의 주식 30%를 주는 경우:
인수 후 기업의 가치 = 50 + 20 + 5 = 75(억원)
30% 지분의 가치 = 75 × 0.3 = 22.5(억원)
M&A 프리미엄 = 22.5 − 20 = 2.5(억원)
현금 25억원을 주는 경우:
M&A 프리미엄 = 25 − 20 = 5(억원)

③ M&A의 순현가:
주식 30% 교부 시: 5 − 2.5 = 2.5(억원)
현금 25억원 지급 시: 5 − 5 = 0
따라서 주식교부가 더 나은 방법이다.

24-10 ① SK사의 주식수: $\frac{20\text{억}}{900}$ = 2,222,222주

LG사의 주식수: $\frac{10억}{600} = 1,666,667주$

실현된 당기순이익을 기준으로 SG사의 EPS를 구하면,

SG사의 $EPS = \frac{20억 + 10억}{2,222,222 + 1,666,667} = 771.4원$

이를 기준으로 주가를 평가하면,

$P = PER \times EPS = 15 \times 771.4 = 11,571원$

그러나 이러한 평가는 실현된 EPS를 기준으로 한 것이므로, 정확한 평가치가 아니다. $PER = \frac{P_0}{EPS_1}$ 이므로 기대주당순이익을 구해 주식가치를 평가해야 한다. 인수 후 기업의 EPS의 성장률은 SK사와 LG사의 EPS 성장률의 가중평균치이다. 가중치는 인수 후에 재투자자금으로 이용될 수 있는 당기순이익의 구성비율을 이용한다.

인수 후 기업의 EPS 성장률 $= 5\% \times \frac{20}{30} + 10\% \times \frac{10}{30} = 6.67\%$

인수 후 기업의 주가 $= PER \times EPS_1 = 15 \times 771.4 \times 1.0667 = 12,342원$

②

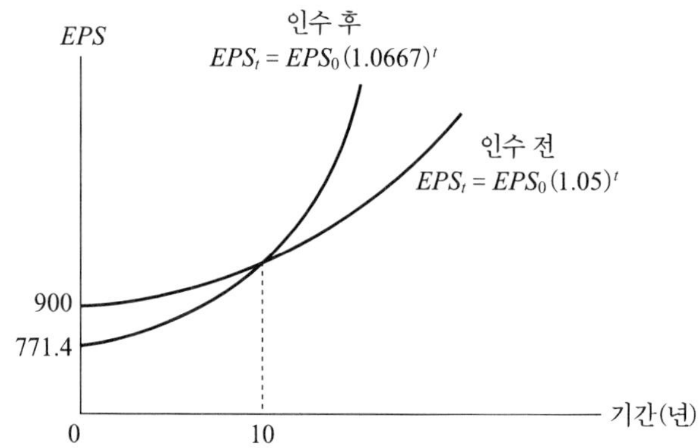

③ 인수 전 주가: $PER \times EPS_1 = 12 \times 900 \times 1.05 = 11,340원$

인수 후 주가: $PER \times EPS_1 = 12,342원$

따라서 인수하는 것이 더 유리하다.

24-11 ① 합병 후에 발생하는 시너지(추가적 현금흐름)의 원천에 대해 별도의 언급이 없으므로, 이 추가적 현금흐름은 ㈜사람과 ㈜자연의 결합에 따른 효과에서 발생하는 것으로 본다. 따라서 적절한 할인율은 합병 후 기업의 가중평균자본비용이다.

	㈜사람	㈜자연	합계
자기자본	2,000억	300억	2,300억
타인자본	4,000억	300억	4,300억

합병 후 자기자본비용:

$$\frac{2{,}000\text{억}}{2{,}300\text{억}}\times 15\% + \frac{300\text{억}}{2{,}300\text{억}}\times 20\% = 15.65\%$$

$$\therefore \text{ 할인율} = \frac{2{,}300\text{억}}{6{,}600\text{억}}\times 15.65\% + \frac{4{,}300\text{억}}{6{,}600\text{억}}\times 10\% = 12\%$$

② M&A프리미엄 = (3,600 − 3,000) × 1,000만 = 60억원

$$NPV = \text{시너지} - \text{M\&A프리미엄} = \frac{12\text{억}}{0.12} - 60\text{억} = 40\text{억원}$$

③ 합병 후 자기자본가치 = 합병 전 자기자본가치 + 시너지 = 2,400억원

총주식수: 4,000만주 + 700만주 = 4,700만주

$$\text{합병 후 ㈜사람의 주가: } \frac{2{,}400\text{억}}{4{,}700\text{만주}} = 5{,}106\text{원}$$

$\therefore$ 5,106 × 0.7 = 3,574원

㈜자연의 주식을 1주당 3,574원으로 평가하는 것이다.

$$④\ NPV = \frac{12\text{억}}{0.12} - (3{,}574 - 3{,}000)\times 1{,}000\text{만} = 4{,}260{,}000{,}000\text{원}$$

⑤ 현금매수를 더 선호한다.

⑥ ㈜자연의 주식 1주당 ㈜사람의 주식 x주를 지급하고, 합병 후 주당가격을 y라고 하면

$$y = \frac{2{,}400\text{억}}{4{,}000\text{만} + 1{,}000\text{만}\cdot x},\quad x\cdot y = 3{,}600$$

$\therefore x = 0.7059,\quad y = 5{,}100$

㈜자연의 주식 1주당 ㈜사람의 주식 0.7059주 교환 시 현금매수와 무차별하다.

24-12 ① 피인수기업인 ㈜다울의 주가는 25,000원이고 인수기업인 ㈜사람의 주가는 35,000원이므로 인수를 위해 ㈜다울의 주식 1주당 ㈜사람의 주식 0.714826주$\left(=\frac{25{,}000}{35{,}000}\right)$를 발행할 것이다. 따라서 새로 발행되는 주식수는 0.714286 × 1,000,000 = 714,286주이다. 인수 후 총발행주식수는 1,714,286주이며, 총당기순이익은 3,500원 × 1,000,000 + 2,000원 × 1,000,000 = 5,500,000,000원이다. 그러므로 새로운 주당순이익은 $\frac{5{,}500{,}000{,}000}{1{,}714{,}286}$ = 3,208원이다.

② 피인수기업에 20%의 프리미엄을 지급하면 피인수기업 주식 1주당 25,000 × 1.2 = 30,000원을 지불하는 것이다. 따라서 인수를 위해 새롭게 발행하는 주식수는 $\frac{30{,}000}{35{,}000}$ × 1,000,000 = 857,143주이다. 이 경우 인수 후 총발행주식수는 1,857,143주이며 총당기순이익은 3,500원 × 1,000,000 + 2,000원 × 1,000,000 = 5,500,000,000원이므로 주당순이익은 $\frac{5{,}500{,}000{,}000}{1{,}857{,}143}$ = 2,962원이다.

③ ①번에서 주당순이익의 변화는 주당순이익이 각각 3,500원, 2,000원인 두 기업이 결합되었기 때문에 발생한 것이다. 피인수기업인 ㈜다울의 주당순이익은 ㈜사람의 주당순이익의 60%도 채 되지 않지만 주가는 ㈜사람의 주가의 60%보다 높은 가격에 거래되고 있다. 이는 ㈜다울이 실현하는 이익의 위험이 ㈜사람의 이익에 비해 덜 위험하기 때문일 수도 있고, 미래 성장가능성이 더 높기 때문일 수도 있다. 그러므로 ㈜사람의 주주들은 인수 이후 주당순이익이 하락했지만 정당한 인수 대가를 지불했다고 할 수 있다. 단순히 주당순이익의 크기만으로 인수에 따른 주주들의 이익과 손해를 따질 수는 없으며, 인수 이후 이익의 안정성이 커지거나 미래 성장성이 커지는 경우 인수에 따라 주당순이익이 낮아졌다고 하더라도 주주들이 손해를 입은 것은 아니다.

④ 문제에서 인수에 따른 시너지가 없다고 했으므로 인수 후 총기업가치는 35,000 × 1,000,000 + 25,000 × 1,000,000 = 60,000,000,000원이다. 그리고 총당기순이익은 5,500,000,000원이므로 인수 후 주가이익배수는 $\frac{60,000,000,000}{5,500,000,000} = 10.91$이다. 한편, ㈜사람의 인수 전 주가이익배수는 $\frac{35,000,000,000}{3,500,000,000} = 10$이고, ㈜다울의 인수 전 주가이익배수는 $\frac{25,000,000,000}{2,000,000,000} = 12.5$이다. 즉 ㈜다울을 시장가격에 인수하고 인수로 인한 시너지가 0이라면 인수 후 주가이익배수는 두 기업의 주가이익배수의 평균값을 갖게 된다. 그러므로 주당순이익과 마찬가지로 주가이익배수로 주주들이 인수 이후 이익을 보는지 손해를 보는지 판단할 수는 없다.

24-13 ① 기업가치의 분포

상황	수요상황		확률	기업가치
	IMT	ADSL		
S1	상	상	0.25	7,000억
S2	상	중	0.15	6,000
S3	상	하	0.10	5,500
S4	중	상	0.15	5,000
S5	중	중	0.09	4,000
S6	중	하	0.06	3,500
S7	하	상	0.10	3,000
S8	하	중	0.06	2,000
S9	하	하	0.04	1,500

기업가치의 기댓값 = 5,000억원

② 부채와 자기자본가치의 분포
각 회사의 부채가치의 합 = 4,000억원

상황	수요상황		확률	기업가치	부채가치	자기자본 가치
	IMT	ADSL				
S1	상	상	0.25	7,000억	4,000억	3,000억
S2	상	중	0.15	6,000	4,000	2,000
S3	상	하	0.10	5,500	4,000	1,500
S4	중	상	0.15	5,000	4,000	1,000
S5	중	중	0.09	4,000	4,000	0
S6	중	하	0.06	3,500	3,500	0
S7	하	상	0.10	3,000	3,000	0
S8	하	중	0.06	2,000	2,000	0
S9	하	하	0.04	1,500	1,500	0

부채가치의 기댓값 = 3,650억원

자기자본가치의 기댓값 = 1,350억원

③ 합병으로 인한 채권자의 이득

합병 전 채권자와 주주의 기대가치

	㈜IMT	㈜ADSL	합계
기업가치	3,600억	1,400억	5,000억
채권자가치 (타인자본가치)	2,600	900	3,500
주주가치 (자기자본가치)	1,000	500	1,500

합병으로 인해 채권자들은 파산가능성이 낮아짐에 따른 이득으로 150억원의 가치가 증가하였으며, 주주들은 150억원의 가치가 감소하였다.

24-14 ① 현재의 EPS(피에르) $= \dfrac{20억}{200만주} = 1,000$원

현재의 EPS(고성) $= \dfrac{15억}{50만주} = 3,000$원

고성의 현주가: $PER \times EPS_1 = 12 \times 3,000(1.05) = 37,800$원

$$P = \frac{D(1+g)}{k_E - g} = \frac{2,000 \times (1.05)}{k_E - 0.05} = 37,800원$$

$\therefore\ k_E = 0.10556$

인수할 경우의 ㈜고성의 주가 $= \dfrac{2,000 \times (1.07)}{0.10556 - 0.07} = 60,180$원

$\therefore$ 인수 시 ㈜고성의 기업가치 $= 60,180 \times 50만주 = 30,090,000,000$

② $(60,180 - 40,000) \times 50만 = 100.9$억원

③ 인수 전 ㈜피에르의 기업가치: 이익과 배당의 성장률이 없다고 하면 $EPS = 1{,}000$원이므로 주가는 15,000원이다. 따라서 기업가치는 15,000 × 200만주 = 300억원이다. 인수를 하게 되면 총기업가치는 600.9억원이다.

인수 시 총기업가치 = 300억원 + 300.9억원 = 600.9억원

$$\text{인수 후 주가} = \frac{600.9\text{억}}{260\text{만주}} = 23{,}112\text{원}$$

따라서 인수대가로 지급하는 가치는 23,112 × 60만주 = 138.7억원이다.

∴ M&A의 NPV = 300.9억원 − 138.7억원 = 162.2억원

24-15 HD기업의 총 주식 수 = $\frac{4\text{조 }5\text{천억원}}{3\text{만원}}$ = 150,000,000주

시너지와 HD기업의 인수 전 가치를 합하면 총 5조 7천억원이므로, HD기업 주식 한 주당 가치는 $\frac{5\text{조 }7\text{천억원}}{1\text{억 }5\text{천만주}}$ = 38,000원이다. 그러므로 QE기업이 제시할 수 있는 최대 주식 교환비율은 $\frac{38{,}000\text{원}}{40{,}000\text{원}}$ = 0.95이다. 즉 HD기업 주식 1주당 QE기업의 주식 0.95주를 주는 것이 인수에 따른 NPV가 음(−)이 되지 않도록 하는 최대의 교환비율이다.

24-16 ① 독약조항이 시행되기 위해서 현주는 글라스사의 지분 20%(2,000,000 × 0.2 = 400,000주)를 소유해야 한다. 현주로 인해 독약조항이 발효된 경우 다른 주주들은 모두 새로운 주식을 기존 보유 주식수만큼 매입할 것이다. 따라서 새롭게 발행되는 주식수는 1,600,000주(= 2,000,000 − 400,000)이다. 이 주식의 주당발행가는 10,000원이다.

② 1,600,000주가 새롭게 발행되면 총 발행주식수는 3,600,000주이다. 이 중 현주가 보유한 주식수는 400,000주이므로 현주의 지분율은 $\frac{400{,}000}{3{,}600{,}000}$ = 11.11%가 된다.

③ 독약조항이 시행된 후 시가총액은 20,000원 × 2,000,000주 + 10,000원 × 1,600,000주 = 560억원이다. 따라서 새로운 주가는 $\frac{560\text{억원}}{360\text{만주}}$ = 15,556원이다.

④ 현주는 손해를 입게 된다. 독약조항 시행 이후 주가는 15,556원이 되는데 현주는 이를 20,000원에 매입한 것이기 때문이다. 현주가 입은 손해는 피인수기업인 글라스사의 주주들에게 돌아가며, 기존 주식 1주당 이익은 15,556 × 2 − 20,000 − 10,000 = 1,112원이다.

24-17 본문 703～704쪽 참조

24-18 ① ㈜바람의 주가는 갑돌이가 예상한 인수 후 기업가치 증가분을 포함한 가격일 것이다. 따라서 기업가치는 30,000원 × 2,000,000주 × 1.4 = 840억원이 된다. 갑돌이는 이 기업의 주식 중 50%를 35,000원에 매입했으므로 35,000원 × 1,000,000주 = 350억원을 지불하였을 것이다. 하지만 갑돌이는 이 주식 대금을, 지분을 담보로 하여 차입으로 조달하였으므로 갑돌이가 ㈜

바람을 지배하게 되면 이 차입금은 회사의 부채가 된다. 따라서 회사의 자기자본 가치는 490억원(= 840억원 − 350억원)이며, 2백만 주의 발행주식수하에서 주가는 $\frac{490억원}{200만주}$ = 24,500원으로 하락하게 된다.

② 주가는 30,000원에서 24,500원으로 하락하게 되므로 주주들은 35,000원의 공개매수에 응할 것이다.

③ 만약 기존주주 모두가 자신의 주식을 팔고 갑돌이가 이를 주당 35,000원에 매입하게 된다면 갑돌이는 35,000원 × 200만주 = 700억원을 지불하고 840억원에 상당하는 기업을 소유하게 되는 것이다. 따라서 부채를 제외하고 갑돌이에게 귀속되는 이익은 140억원이다.
50%의 지분확보로 경영권을 차지하는 경우 갑돌이가 주식구입을 위해 지불하는 금액은 350억원이다. LBO 이후 기업가치는 840억원이며 차입금 상환 후 자기자본가치는 490억원이다. 이 중 갑돌이의 지분율은 50%이므로 갑돌이가 M&A를 통해 얻게 되는 이득은 245억원이다.

제25장 기업부실과 구조조정

25-1 본문 716쪽 참조

25-2 본문 714쪽 참조

25-3 본문 720~724쪽 참조

25-4 본문 720쪽 참조

25-5 본문 725쪽 참조

25-6 본문 721~724쪽 참조

25-7 본문 727~730쪽 참조

25-8 참고교재 참조

25-9 본문 728~729쪽 참조

25-10 문제와 본문 참조

제26장 위험관리

26-1 본문 738~739쪽 참조

26-2 본문 747~748쪽 참조

26-3 선물가격 = 현물가격 + 이자비용 + 보관비용 = 30,000 + 30,000 × 0.1 + 5,000 = 38,000원

26-4 ① 순보유비용 = 이자비용 − 표면이자수입의 미래가치 = 10만 × 8% − 8천 × 1.02 = −160원

② 선물가격 = 현물가격 + 순보유비용 = 10만 − 160 = 99,840원

26-5 ① 채권선물 매도

② 주가지수선물 매입

③ 주식에 대한 선도(또는 선물)계약 매입

④ 통화선물 매도

26-6 ① CAPM에 따라 $r_L = 6 + (11 - 6)(-0.6) = 3\%$이고 r_L은 주어진 손실위험하에서의 자본조달비용을 의미한다. 따라서 적정보험료는 $\frac{1.5\% \times 4,000\text{억원}}{1.03} = 58.25$억원이다.

② 경영 · 간접비로 추가적으로 15%를 더 낸다면 보험료는 58.25억 × 1.15 = 66.99억원이 된다. 만약 수목전자가 보험에 가입하지 않았는데 재해를 당하게 될 경우에 겪는 재무적 곤경비용이 손실액의 15% 이상이면 보험에 가입하는 것의 *NPV*는 양수일 것이다. 따라서 보험에 가입하도록 하기 위해서는 손실을 입는 경우에 재무적 곤경비용이 4,000억원 × 15% = 600억원에 달해야 하고 따라서 총손실액이 4,600억 이상이어야 한다.
NPV(보험가입) = −66.99억 + (1.5% × (4,000억 + 600억))/1.03 = 0

26-7 미래의 구입가격의 불확실성을 헤지하기 위하여 쌀에 대한 선물 100계약을 매입한다. 2024년 9월 1일에 가서 쌀 100가마를 현물시장에서 구입하고 선물포지션 반대매매(100계약 매도)를 통해 청산한다. 9월 1일에 발생하는 현금흐름은 다음과 같다.

현물포지션: −21.5만 × 100 = −2,150만원
선물포지션: (22만 − 21만) × 100 = +100만원
헤지포지션: −2,050만원

미래의 구입가격을 현재의 가마당 선물가격인 21만원에 고정시키지 못하는 이유는 현물거래 시점이 선물만기 이전에 도래하는 경우 베이시스 위험이 존재하기 때문이다. 이 경우 베이시스는

선물가격과 현물가격의 차이인 +0.5만(= 22만 − 21.5만)이다.

26-8 ① 선물가격 = 15만 × (1 + 0.1 − 0.05) = 15.75만원

② 시장가격 16만원은 균형가격보다 비싼 것이므로 다음과 같은 매수차익거래가 가능하다.

거래	현금흐름(만원)	
	현재($\tau = 0$)	1년 후($\tau = 1$)
• 차 입 • 현물(금 1온스) 매입 • 선물 1계약 매도	+15 −15 0	$-15 \times 1.05 = -15.75$ $+S_1$ $+16 - S_1$
순현금흐름	0	+0.25

26-9 ① $S_t = 330$, r(이자율) = 0.05, d(배당수익률) = 0.02, $T - t = 325/365 = 0.8904$이므로,
$F_t = S_t(1 + r - d)^{T-t} = 330(1 + 0.05 - 0.02)^{0.8904} = 338.80$

② 선물의 시장가격이 균형가격보다 3.0포인트(=338.8 − 335.8) 만큼 낮기 때문에 다음과 같은 차익거래를 통하여 75(= 3.0 × 25)만원의 차익을 얻는 것이 가능하다.

거래	현금흐름(단위: 25만원)	
	현재($\tau = 0$)	1년 후($\tau = 1$)
• KOSPI 200 공매도 • 은행예금 • 선물 1계약 매입	+330 −330 0	$-S_1$ − 배당* +330 + 이자** $+S_1 - 335.80$
순현금흐름	0	+3.0

* 공매도한 경우 증권을 대여해 준 기관에 배당을 지급해야 한다(= $330 \times [(1.02)^{0.8904} - 1] = 5.87$).
** 이자비용은 $330 \times [(1.05)^{0.8904} - 1] = 14.652$

26-10 본문 748~752쪽 참조

26-11 미래에 가격이 상승하여 손실을 볼 것이 예상되는 경우 선물을 매입하여 손실을 상쇄시키려는 전략이 매입헤지이다. 가격이 상승하여 손실을 보는 경우란 물건을 매입해야 되는 상황이다. 또 미래에 가격이 하락하여 손실을 볼 것이 예상되는 경우 선물을 매도하여 손실을 상쇄시키려는 전략이 매도헤지이다. 가격이 하락하여 손실을 보는 경우란 물건을 매도해야 되는 상황이다.

26-12 ① 이익 = 100,000유로 × (S_1원/유로) − 1억 3,000만원

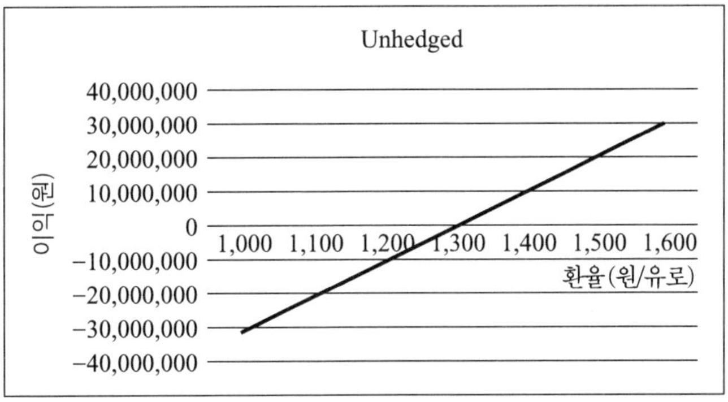

② 헤지포지션의 이익 = 100,000유로 × (1,400원/유로) − 1억 3,000만원 = 1,000만원

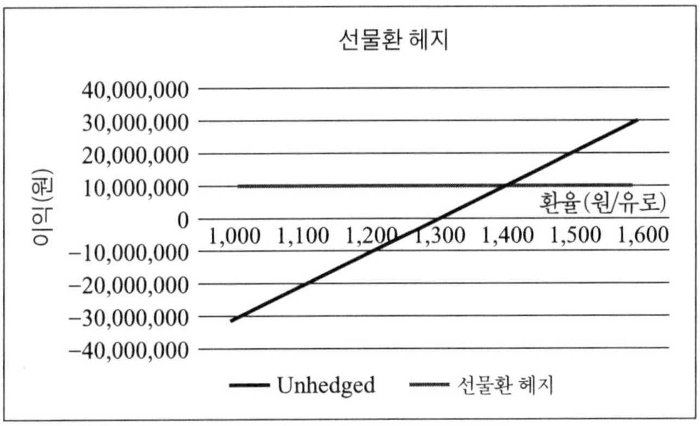

③ 유로를 원화로 환전할 때 환율이 떨어지면 손해를 볼 수 있기 때문에 환율하락으로 인해 이익을 볼 수 있는 포지션을 취해야 한다. 따라서 유로화에 대한 풋옵션을 매입해야 한다.

④ 100,000유로에 대한 풋옵션 가격은 100,000 × 90원 = 9,000,000원이고 풋옵션으로 인해 적어도 1,400원/유로에 유로화를 팔 수 있다. 따라서 옵션으로 환위험이 헤지된 경우의 이익은 다음과 같다. 10만유로 × max[1,400, S_1] − 1억 3천만원 − 900만원

= max[1억 4천, 100,000 × S_1] − 1억 3,900만원

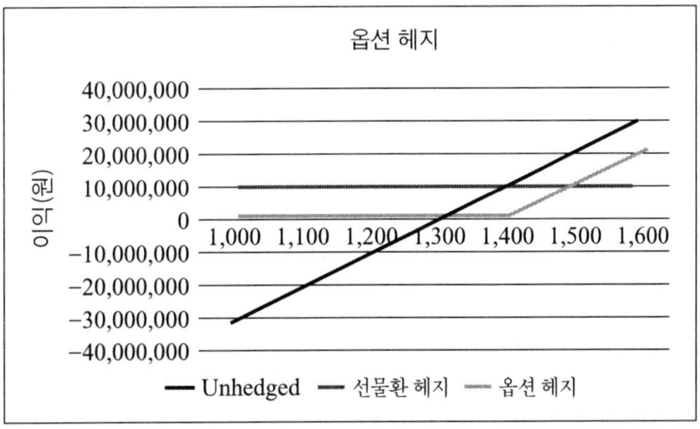

⑤ 선물환을 이용할 경우 유로화의 가치가 낮아지면 당신은 이익을 볼 수 있다. 하지만 유로화가 절상될 경우에는 손실을 볼 수 있다. 이때의 손익은 100,000유로×(1,400원－S_1원/유로)이다. 옵션계약의 경우 당신이 풋옵션을 매입한 포지션일 때 유로화의 가치가 낮아지면 이익을 볼 수 있다. 반면 유로화가 절상될 경우에는 옵션은 행사되지 않을 것이다. 이때 이익은 max{0, 100,000유로×(1,400원－S_1)}－9,000,000원이므로 최대 손실은 풋옵션의 매입가격인 9,000,000원이다. 그래프에서 보더라도 옵션을 이용하면 환율이 상승할 경우에도 하방위험이 옵션가격에 한정되는 것을 알 수 있다.

26-13 ① 차입가능금액＝1억×$PVFA$(10%, 5년)＝1억×3.7908＝3.7908억원

②

연도(t)	(a) 현금흐름	(b) PVF	(c) 현재가치	(d) w_t＝(c)/P_0	(e)＝(d)×t
1	1억	0.9091	9,091만	0.24	0.24
2	1억	0.8264	8,264만	0.22	0.44
3	1억	0.7513	7,513만	0.20	0.60
4	1억	0.6830	6,830만	0.18	0.72
5	1억	0.6209	6,209만	0.16	0.80
합 계			P＝3.7908억	1.0	2.80

듀레이션 $D=\sum w_t \times t = 2.80$년

③ 채무의 듀레이션을 구해 이 듀레이션과 동일한 만기를 갖는 무이표채에 투자함으로써 미래 이자율변동과 관계없이 채무를 상환할 수 있다. 이를 면역전략이라 한다. 무이표채의 듀레이션은 만기와 같으므로 만기가 2.80년인 무이표채에 3.7908억원을 투자하면 된다. 그러나 채무의 듀레이션(2.80년)과 동일한 만기의 채권이 존재하지 않을 경우 이자율위험을 완전히 제거할 수 없게 되는 문제점이 있다.

④ $\Delta P = -D \times \dfrac{\Delta r}{1+r} \times P = -2.80 \times \dfrac{0.01}{1.1} \times 3.7908\text{억} = -0.0965\text{억}$

채권과 채무의 가치는 3.7908억원에서 3.6943억으로 96.5만원만큼 하락한다.

⑤ 무이표채의 듀레이션은 만기와 같으므로 각 채권의 듀레이션은 2년과 7년이 된다. 만기 2년인 무이표채에 투자하는 비중을 w라 하면 듀레이션의 성질에 의해 다음과 같이 w를 구할 수 있다: $2 \times w + 7 \times (1-w) = 2.80$. 여기서 w를 구하면 $w = 0.84$이다. 따라서 2년만기 무이표채에 3.1843억원(＝3.7908억×0)을 투자하고 나머지 0.6065억원(＝3.7908억×0.16)을 7년만기 무이표채에 투자한다.

⑥ 듀레이션은 이자율과 채권의 가격의 관계에 있어서 특정의 이자율 수준에서 이자율변화에 대해 채권의 가격이 변화하는 기울기를 의미한다. 즉, 듀레이션에 의해 이자율변동에 따른 채권가격의 변동을 예측하는 것은 채권가격과 이자율이 선형의 함수관계를 지닌다고 가정하는 것이 된다. 그러나 일반적으로 이자율과 채권가격의 관계는 직선이 아니라 원점에 대해 볼록한 모양을 갖는다. 따라서 듀레이션은 어디까지나 이자율이 아주 작게 변화할 때의 채권가격변화

의 근삿값으로의 의미를 가질 뿐이다. 만일 이자율이 큰 폭으로 변하면 그 오차가 커지므로 이 경우 더 이상 듀레이션만으로는 채권의 가격을 예측할 수 없고 볼록성(convexity)까지 고려해야 한다.

26-14 ① 이자율이 상승하면 채권의 가치가 하락할 것이므로 갑돌이는 현재 이자율상승의 위험에 직면하고 있다. 따라서 매도헤지가 필요하다. 식 26, 27을이용하면,

$$\text{필요계약수} = \frac{0-5}{8} \times \frac{100,000,000}{100,000} \times 1 = -625$$

따라서 국채 A에 대한 선물 625단위 매도함으로써 헤지포지션을 취할 수 있다.

② 역시 식 26, 27을 이용하면,

$$\text{필요계약수} = \frac{8-5}{8} \times \frac{100,000,000}{100,000} \times 1 = 375$$

따라서 국채 A에 대한 선물 374계약을 매입하면 된다.

26-15 ① $\text{자산듀레이션} = \frac{500}{3,000}(0) + \frac{1,200}{3,300}(2) + \frac{1,600}{3,300}(8) = 4.606\text{년}$

$\text{부채듀레이션} = \frac{800}{2,900}(0) + \frac{1,100}{2,900}(2) + \frac{1,000}{2,900}(12) = 4.897\text{년}$

$\text{자본듀레이션} = \frac{A}{E} \cdot D_A - \frac{L}{E} \cdot D_L = \frac{3,300}{400}(4.606) - \frac{2,900}{400}(4.897) = 2.496\text{년}$

② $\text{자산듀레이션} = \frac{1,100}{3,300}(0) + \frac{1,200}{3,300}(2) + \frac{1,000}{3,300}(8) = 3.152\text{년}$

$\text{자본듀레이션} = \frac{3,300}{400}(3.152) - \frac{2,900}{400}(4.897) = -9.499\text{년}$

따라서 만약 이자율이 1%만큼 감소할 경우 일등기업의 자본은 $-(-9.499) \times \frac{-1\%}{1.05} = -9.047\%$ 만큼 변화할 것이다. 즉 9.047% 감소한다.

③ 일등기업은 자산의 듀레이션을 증가시키려고 할 것이므로 현금 보유액을 가지고 장기채권을 매입할 것이다. 10년만기 무이표채의 듀레이션은 10년이므로 채권에 투자(매입)해야 할 금액은

$\frac{9.499\text{년} \times 400\text{억}}{10\text{년}} = 379\text{억 } 9,600\text{만원이다.}$

26-16 ① 2,000억원을 단기로 LIBOR + 1.5%로 차입한다. 그 후 2,000억원에 대해 LIBOR금리를 받고 9% 고정금리를 지급하는 이자율스왑을 거래한다. 이때 실효이자율은 LIBOR + 1.5% − LIBOR + 9% = 10.5%이다. 이는 8.2% + 3% = 11.2%의 이자율로 채권을 발행하는 것보다 더 저렴하다.

② 2,000억원을 9.5% + 0.5% = 10%에 장기차입해서 이를 기존의 부채와 대체한다. 또한 LIBOR를 지불하고 10%의 고정금리를 받는 새로운 이자율스왑을 통해 기존의 스왑거래를 청산한다. 이때 실효차입이자율은 10% + (−LIBOR + 9%) + (LIBOR − 10%) = 9%이다. 이 이자율은 기존의 장기차입이자율(11.2%)에서 기업의 신용도 상승으로 인해 신용스프레드가 2.2%만큼 하

락함으로써 얻어진 것이다. 이렇게 함으로써 Y기업은 이자율변화에 상관없이 개선된 신용등급으로 인한 혜택을 누릴 수 있다.

26-17 ㈜대한투자신탁은 고정금리에서 1.8%, 변동금리에서 1%씩 더 저렴하게 차입할 수 있다. 따라서 ㈜대한투자신탁은 고정금리시장에서, ㈜삼성생명은 변동금리시장에서 비교우위가 있다. ㈜대한투자신탁은 고정금리로, ㈜삼성생명은 변동금리로 차입한 후 이를 스왑거래를 통해 교환하면 양시장의 금리의 차이인 0.8%포인트에서 은행에 주는 수수료를 뺀 것만큼의 금리를 절약할 수 있으며, 채권투자에서 오는 이자율변동위험을 헤지할 수 있다. 스왑계약을 예시하면 다음과 같다.

스왑계약:

㈜대한투자신탁은 은행에 LIBOR + 1.2%의 변동금리를 지급하고 8%의 고정금리를 지급받는다. ㈜삼성생명은 은행에 8.2%의 고정금리를 지급하고 LIBOR + 1.2%의 변동금리를 받는다. 이러한 계약을 통해 은행은 0.2%의 수익을 얻고 두 회사는 각각 0.3%의 금리를 절약할 수 있다.

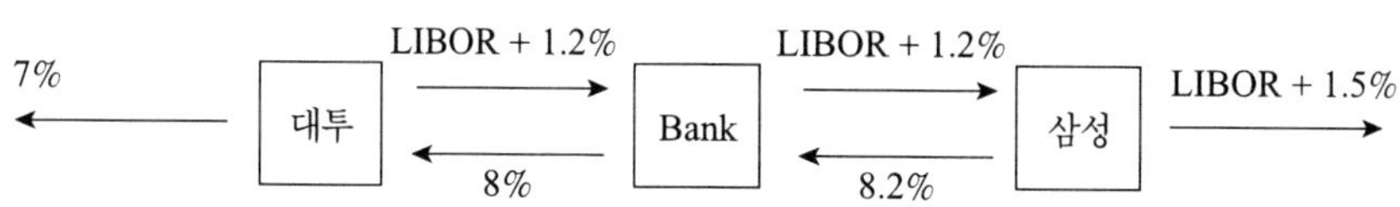

스왑거래의 결과:

㈜대한투자신탁 (고정금리로 차입할 경우)

	스왑거래 전	스왑거래 후
이자수익:	LIBOR + 2%	LIBOR + 2%
		8.0%
이자비용:	7.0%	7%
		LIBOR + 1.2%
마진:	LIBOR − 5.0%	1.8%

㈜삼성생명 (변동금리로 차입할 경우)

	스왑거래 전	스왑거래 후
이자수익:	10%	10%
		LIBOR + 1.2%
이자비용:	LIBOR + 1.5%	LIBOR + 1.5%
		8.2%
마진:	8.5% − LIBOR	1.5%

㈜대한투자신탁은 스왑계약을 통해 매년 1.8%의 확정적인 마진을 확보할 수 있으며, ㈜삼성생명은 매년 1.5%의 마진을 확보할 수 있다.

제27장 국제재무관리

27-1 본문 781~785쪽 참조

27-2 본문 782쪽 참조

27-3 본문 793~794쪽 참조

27-4 본문 796~799쪽 참조

27-5 이자율평가이론은 두 나라의 명목이자율의 차이가 선물환율과 현물환율의 차이를 결정한다고 설명한다. 따라서 현물환율과 선물환율에 차이가 없으면 두 나라의 이자율은 같다. 즉, 미국시장의 90일만기 무위험이자율은 4.6%이다.

27-6 현물환율의 할증 또는 할인율은

3개월 선물환율의 할증률 $= \dfrac{F_t - S_0}{S_0} = \dfrac{1,300 - 1,270}{1,270} = 0.0236$

6개월 선물환율의 할증률 $= \dfrac{1,320 - 1,270}{1,270} = 0.0394$

9개월 선물환율의 할증률 $= \dfrac{1,330 - 1,270}{1,270} = 0.0472$

27-7 현재 시장에서 1달러는 1,200원, 1엔은 9원(900/100)이므로 1달러는 133.3엔이어야 한다.

$\$: ₩ = 1 : 1,200$

$¥ : ₩ = 1 : 9$

$\therefore \$: ¥ = 1 : \dfrac{1,200}{9} = 1 : 133.3$

그런데 시장에서 평가되는 엔화 대 달러화의 환율은 1달러당 150엔이므로 달러화가 과대평가되며 엔화는 과소평가되고 있음을 알 수 있다. 따라서 달러화를 차입(공매)한 후 원화를 매입하여 이를 다시 엔화로 바꾸면 달러당 16.7엔의 차익을 얻을 수 있다. 이러한 거래를 무한대로 일으키면 수요공급의 원리에 의해 달러화의 가치는 떨어지고 엔화의 가치는 올라가므로 차익은 조만간 사라질 것이다.

27-8 국제피셔효과는 두 나라의 명목이자율의 차이가 현물환율의 변동을 가져온다는 것이다.

$E(S_1) = 1,200\left(\dfrac{1.10}{1.05}\right) = 1,257$원/달러

27-9 ① 국제피셔효과:

$$E(S_1) = S_0\left(\frac{1+r_{₩}}{1+r_{\$}}\right)$$

$$\therefore\ E(S_1) = 1,200\left(\frac{1.12}{1.06}\right) = 1,268$$

$$E(S_2) = 1,268\left(\frac{1.11}{1.07}\right) = 1,315$$

$$E(S_3) = 1,315\left(\frac{1.10}{1.07}\right) = 1,352$$

$$E(S_4) = 1,352\left(\frac{1.09}{1.06}\right) = 1,390$$

②

연도	현금흐름($)	환율	현금흐름(₩)
0	−500	1,200	−600,000
1	200	1,268	253,600
2	200	1,315	263,000
3	200	1,352	270,400
4	100	1,390	139,000

$$NPV = -600,000 + \frac{253,600}{(1+0.15)} + \frac{263,000}{(1+0.15)^2} + \frac{270,400}{(1+0.15)^3} + \frac{139,000}{(1+0.15)^4} = 76,654\text{만원}$$

*NPV*가 '0' 보다 크므로 미국에 한라 *USA*를 설립한다.

27-10 구매력평가이론에 따르면, $E(S_1) = S_0\left(\frac{1+I_{₩}}{1+I_{\$}}\right)$이므로

연도	2024	2025	2026	2027	2028
한국의 인플레이션율		11	10	10	9
미국의 인플레이션율		7	8	9	8
기대현물환율(₩/$)	1,100	1,141	1,162	1,173	1,184

각 연도의 달러표시 현금흐름을 기대현물환율로 곱하여 원화표시 현금흐름을 구하고 *NPV*를 평가하면,

$$NPV = -25\times 1,100 + \frac{8\times 1,141}{1.12} + \frac{7\times 1,162}{1.12^2} + \frac{7\times 1,173}{1.12^3} + \frac{7\times 1,184}{1.12^4} = -1,754(\text{백만원})$$

순현가가 음이므로 투자안을 기각한다.

27-11 ① €6,000,000/1.05×₩1,350/€ = 8,505,000,000원

② €6,000,000/1.09×₩1,420/€ = 7,816,513,761원

③ ①, ②의 결과에 기초할 때 두 시장은 국제적으로 통합되어 있지 않다. 왜냐하면 ①, ②의 값이

차이가 나기 때문이다.

27-12 먼저 주어진 무위험이자율을 이용하여 선물환율을 구해 보자.

$$F_1 = 1{,}000\text{원/\$} \times \frac{1.045}{1.06} = 985.85\text{원/\$}, \quad F_2 = 1{,}000\text{원/\$} \times \frac{1.045^2}{1.06^2} = 971.90\text{원/\$}$$

$$F_3 = 1{,}000\text{원/\$} \times \frac{1.045^3}{1.06^3} = 958.15\text{원/\$}, \quad F_4 = 1{,}000\text{원/\$} \times \frac{1.045^4}{1.06^4} = 944.59\text{원/\$}$$

라이언모터스가 추진하는 사업의 잉여현금흐름을 선물환율을 이용하여 원화로 환산하면 다음과 같다.

연도	잉여현금흐름($ millions)	환율(₩/$)	잉여현금흐름(백만원)
0	−13	1,000원/$	−13,000
1	8	985.85원/$	7,886.8
2	12	971.90원/$	11,662.8
3	10	958.15원/$	9,581.5
4	12	944.59원/$	11,335.08

원화 현금흐름에 대한 할인율인 가중평균자본비용 9%를 이용하여 순현가를 구하면 다음과 같다.

$$NPV = -13{,}000 + \frac{7{,}886.8}{1.09} + \frac{11{,}662.8}{1.09^2} + \frac{9{,}581.5}{1.09^3} + \frac{11{,}335.08}{1.09^4} = 17{,}872{,}000{,}000\text{원}$$

이 사업은 양(+)의 NPV를 갖기 때문에 라이언모터스는 미국으로 진출을 해야 한다.

27-13 통합된 국제금융시장에서, 식 27.9를 이용하면 엔화 자기자본비용을 구할 수 있다.

$$1 + k_{\text{엔}} = \frac{1 + r_{\text{엔}}}{1 + r_{\text{원}}}(1 + k_{\text{원}}) = \frac{1.02}{1.04} \times (1.1) = 1.07885$$

따라서 $k_{\text{엔}} = 7.885\%$

27-14 식 27.9를 이용하자. 세후 원화 타인자본비용 = 8%(1 − 0.4) = 4.8%이다.

$$1 + k_{\$} = \frac{1 + r_{\$}}{1 + r_{\text{원}}}(1 + k_{\text{원}}) = \frac{1.035}{1.05}(1.048) = 1.03303$$

따라서 세후 달러화 타인자본비용 = 3.03%이다.

27-15 식 27.8과 식 27.9를 이용하자.

$F = S \times \dfrac{1 + r_{\text{원}}}{1 + r_{\text{위안}}}$ 에서 $170 = 165 \times \dfrac{1.06}{1 + r_{\text{위안}}}$ 이므로 $r_{\text{위안}} = 2.88\%$이다.

즉 선물환율에 내재되어 있는 위안화에 대한 무위험이자율은 2.88%이다. 따라서 식 27.9를 이용하면 중국 국채의 신용스프레드는 6.5% − 2.88% = 3.62%이다. 이는 중국 정부의 채무불이행 가능성에 대한 보상이다.

제9판
현대재무관리 –연습문제 풀이 및 해답–

2024년 3월 5일 제9판 1쇄 인쇄
2024년 3월 10일 제9판 1쇄 발행

저 자 박정식 · 박종원 · 조재호
발행인 강 희 일 · 박 은 자

발행처 **다 산 출 판 사**

서울특별시 마포구 대흥로 6길 8
등 록 1979. 6. 5. 제3 – 86 호(윤)
전 화 (717) 3661~2, (718) 1751~2
FAX (716) 9945

정가 6,000원 파본은 바꾸어 드립니다.

http://www.dasanbooks.co.kr
ISBN 978-89-7110-667-9 93320